不正事例で基礎から学ぶ
コーポレートガバナンス新時代の内部統制

青野奈々子

第一法規

まえがき

　このたび、2005年に執筆した『会社員のための内部統制入門』の改訂版を出版することになりました。

　初版は、米国ではエンロンやワールドコムの粉飾事件をきっかけにSOX法が、日本ではカネボウやライブドアなどの粉飾事件をきっかけにJ-SOX法が導入された頃に執筆しました。

　企業不正をなくすためには、細かいルールをたくさん制定して現場に守らせることが最も重要であるかのような風潮に対して、小さな声をあげたい気持ちもありました。その主意は、内部統制は決して現場を苦しめるためのものではなく、ましてや経営の成長を阻害するものであってはならないとの思いでした。

　リスクをとって果敢にチャレンジできる執行体制をつくるために内部統制が重要であることをお伝えしたかったのです。

　その思いは今も変わっていません。

　初版ではラインマネージャー向けの入門書として執筆したのに対し、今回は、内部監査部門に配属されることになった方をはじめ、より幅広く内部統制を勉強したいとお考えの方に読んでいただけるよう、手を加えました。

　最後になってしまいましたが、このような絶好のタイミングで本書を改訂出版できましたのは、ひとえに、第一法規の皆様の熱意をはじめ、初版へのご意見やご支援をいただきました読者の皆様に支えられたおかげです。この場をもちまして深く感謝いたします。

　2019年2月

青野奈々子

CONTENTS

1　まえがき

6　コーポレートガバナンス新時代の内部統制

9　内部監査と内部統制

10　この本の概要

12　内部統制の概念図

14　会社の業務プロセス

LESSON 1　売掛金の魔力 ──販売管理プロセス

19　こちらヘルプライン調査部　事件FILE 1
　　「売掛金の魔力」

　　ヘルプライン調査部へ／競馬場で会った男／営業活動報告書から見
　　えたもの／悲しい報告／ヘルプライン調査報告書

28　〈解説〉 販売管理プロセスにおけるリスクとその軽減・回避のた
　　めの内部統制

34　〈チェックリスト〉販売管理プロセスチェックリスト

35　〈コラム〉営業管理と内部統制

LESSON 2　外注管理の危険 ──外注管理プロセス

39　こちらヘルプライン調査部　事件FILE 2
　　「外注管理の危険」

　　あやしい取引先／プロジェクトリーダー／冷たい雨の中で／ヘルプラ
　　イン調査報告書

46　〈解説〉 外注管理プロセスにおけるリスクとその軽減・回避のた
　　めの内部統制

50 〈チェックリスト〉**外注管理プロセスチェックリスト**

51 〈コラム〉**モチベーションアップと内部統制**

LESSON 3 バックリベートの魅惑 ——販売・発注管理プロセス

55 **こちらヘルプライン調査部　事件FILE 3**
「バックリベートの魅惑」

告発の電話／木村の告白／残ったローン／ヘルプライン調査報告書

61 〈解説〉**販売・発注管理プロセスにおけるバックリベートとその防**
止のための内部統制

64 〈チェックリスト〉**バックリベートを防止するためのチェックリスト**

65 〈コラム〉**コミュニケーションと内部統制**

LESSON 4 不正の二重奏 ——発注管理プロセス

69 **こちらヘルプライン調査部　事件FILE 4**
「不正の二重奏」

派手になった男／予期せぬ不正／おかしな発注書／ヘルプライン調
査報告書

76 〈解説〉**発注管理プロセスにおけるリスクとその軽減・回避のた**
めの内部統制

82 〈チェックリスト〉**発注管理プロセスチェックリスト**

83 〈コラム〉**内部統制の限界と対策**

LESSON 5 粉飾はアリ地獄 ——経理業務プロセス

87 **こちらヘルプライン調査部　事件FILE 5**
「粉飾はアリ地獄」

経理部長からの通報／まさかの経理実態／粉飾のからくり／ヘルプ
ライン調査報告書

3

| 93 | 〈解説〉 経理業務プロセスにおける特有のリスクとその軽減・回避のための内部統制 |

| 100 | 〈チェックリスト〉経理業務プロセスチェックリスト |

| 101 | 〈コラム〉ITシステムと内部統制 |

LESSON 6 性善説と金銭不祥事 —— 現金・預金管理プロセス

| 105 | こちらヘルプライン調査部 事件FILE 6 「性善説と金銭不祥事」 |

嫌な予感／告白／ヘルプライン調査報告書

| 110 | 〈解説〉 現金・預金管理プロセスにおけるリスクとその軽減・回避のための内部統制 |

| 113 | 〈チェックリスト〉現金・預金管理プロセスチェックリスト |

| 114 | 〈コラム〉性善説と内部統制 |

LESSON 7 海外拠点での着服 —— 経費管理プロセス

| 117 | こちらヘルプライン調査部 事件FILE 7 「海外拠点での着服」 |

支店長、姿を消す／商習慣の違いという盲点／領収書の二重使用／ヘルプライン調査報告書

| 123 | 〈解説〉 経費管理プロセスにおけるリスクとその軽減・回避のための内部統制 |

| 129 | 〈チェックリスト〉経費管理プロセスチェックリスト |

| 130 | 〈コラム〉リスク評価と内部統制 |

LESSON 8 不採算は不正の温床 ——資産管理プロセス

133　こちらヘルプライン調査部　事件FILE 8
　　　「不採算は不正の温床」

　　　生産性と不正の関係／危うい工場／ベテラン作業員の憂鬱／ヘルプ
　　　ライン調査報告書

140　〈解説〉　資産管理プロセスにおけるリスクとその軽減・回避のた
　　　　　　　めの内部統制

145　〈チェックリスト〉資産管理プロセスチェックリスト

146　〈コラム〉生産性と内部統制

LESSON 9 みんなを守る内部統制 ——情報管理プロセス

149　こちらヘルプライン調査部　事件FILE 9
　　　「みんなを守る内部統制」

　　　夢の外国語学習アプリ／憧れの研究所／不正発生?／迷宮入り?／
　　　奇遇／ヘルプライン調査報告書

156　〈解説〉　情報管理プロセスにおけるリスクとその軽減・回避のた
　　　　　　　めの内部統制

162　〈チェックリスト〉情報管理プロセスチェックリスト

163　〈コラム〉会社の責任と内部統制

165　エピローグ

170　参考文献

171　著者紹介

コーポレートガバナンス新時代の内部統制

「内部統制」という言葉を聞いたことがありますか？聞いたことは
あっても、よく意味がわからないという方も多いと思います。そんな
方のために、ここでは、まず、学問的な定義を使用せず、解説したい
と思います。

「内部統制」は会社の経営戦略（＝事業計画）を実行に移すために必
要な仕組み（＝ルールある組織）と考えてください。会社の経営戦略
を実現する過程にはさまざまなリスクがあります。それらのリスクを
最小限にするための対策と運用であると言い換えることもできます。
リスクのない戦略にはリターンもありません。ですから、リスクと前
向きに取り組んでいくことが企業経営にとって重要になるわけです。

例をあげて説明しましょう。
社員の不祥事というリスクを社長が心配するならば、社長1人で経
営すれば社長の心配は完全になくなります。しかし、事業を大きくし
たいという戦略が社長にあるならば、社員を雇って分業を進めていか
なくてはなりません。その時、社長は「従業員が不正を起こすかもし
れない」というリスクに前向きに取り組んでいく必要が出てきます。
さらに会社を成長させるために、借入をして設備投資を行ったとし
ます。ここでは「借金を返せなくなるかもしれない」というリスクが
増大します。
また、社員が増えてくると社員のモチベーション管理も重要な課題
となってきます。そのために業績連動の賞与制度を導入したとします。
このような制度を導入すると、賞与獲得に向け、がんばる社員も出て
くる反面、「業績を過大に粉飾して報告する人が出てくるかもしれな

い」というリスクも増大します。役員や従業員に付与するストックオプションも同じです。役員や従業員のモチベーションは向上するでしょう。しかし、一方では「株価を上げるために粉飾を行うかもしれない」というリスクも増大します。

　マーケットを拡大するために、消費者にアンケートを実施したとします。ここでは「個人情報を漏えいするかも知れない」というリスクが増大します。

　戦略にはリスクがつきものであり、そのリスクに何らかの対処が必要であるということをご理解いただけたでしょうか。

　人口減少や経済のグローバル化により、市場における競争は激化するばかりです。そのような環境において、積極的にリスクに挑めない会社、すなわち「内部統制」を重視しない会社は生き残っていくことすら難しくなると予想されます。

　ここからは、少し専門的に解説します。

　内部統制は、1992年に米国のCOSO（The Committee of Sponsoring Organizations of the Treadway Commission：トレッドウェイ委員会支援組織委員会）が3つの目的（法令遵守・財務報告・業務活動）と5つの構成要素（統制環境・リスク評価・統制活動・情報および伝達・モニタリング）という「内部統制フレームワーク」により説明しました。このフレームワークは企業において、主にSOX法やJ-SOX法から要請された財務報告目的の内部統制制度構築の中で広く活用されました。

　2004年、同じくCOSOは、リスクマネジメントの観点から内部統制フレームワークを包含するような形で整理されたものとしてERM（Enterprise Risk Management：全社的リスクマネジメント）フレームワークを公表しました。この「ERMフレームワーク」では「戦略」が目的として明示的に追加されています。しかし、このERMフレー

ムワークが企業の中で取り入れられ実践されたかといえば、残念ながら積極的に活用される状態にまでは至りませんでした。

その後、約20年の年月を経て、COSOは内部統制フレームワークを改訂（2013年）、それを受けて2017年にはERMフレームワークの改訂版が公表されました。

改訂版のタイトルは「Enterprise Risk Management—Integrating with Strategy and Performance：全社的リスクマネジメント—戦略とパフォーマンスの統合」とされ、戦略策定プロセスと実績検討時の両方でリスクを考慮することの重要性が強調されています。

一方日本では2014年にスチュワードシップ・コードが、2015年にコーポレートガバナンス・コードが制定（2018年改訂）されました。これらのコーポレートガバナンス関連改革は「攻めのコーポレートガバナンス」とも称され、コーポレートガバナンスも企業成長を促進するためのものでなくてはならないことが強調されています。

内部統制の観点からは、特にコーポレートガバナンス・コード第4章で、「取締役会は企業戦略等の大きな方向性を示すべき」としたうえで、「適切なリスクテイクを支える環境整備を行うことを取締役会の主要な役割・責務の一つととらえるべき」としているところに目を向けるべきでしょう。この「リスクテイクを支える環境整備」こそ、今の時代が求めている内部統制なのです。

企業を取り巻く経営環境は、グローバル化が進展し、情報伝達技術の発展等によりさらに複雑さを増しています。

実態面からも、法制面からも、内部統制を整備し、積極的にリスクに挑む姿勢が求められる時代を迎えたのです。

内部監査と内部統制

　一般社団法人日本内部監査協会の「内部監査基準」（2014年最終改訂）によれば、内部監査は以下のように説明されています。

　「内部監査とは、組織体の経営目標の効果的な達成に役立つことを目的として、合法性と合理性の観点から公正かつ独立の立場で、ガバナンス・プロセス、リスク・マネジメントおよびコントロールに関連する経営諸活動の遂行状況を、内部監査人としての規律遵守の態度をもって評価し、これに基づいて客観的意見を述べ、助言・勧告を行うアシュアランス業務、および特定の経営諸活動の支援を行うアドバイザリー業務である。」

　この「経営目標の効果的な達成に役立つことを目的とする」という部分に注目してください。

　社内ルールが守られているかどうかを形式的にチェックするだけの内部監査でお茶を濁してはいけないのです。

　経営目標達成の担い手である現場こそが内部統制の要であるということを改めて認識することが、実のある監査への第一歩になるでしょう。

　本書では、現場で起こりがちな不正事例を通じ、現場における内部統制のあり方を解説しています。

　時には厳しい指摘をしながらも、現場の躍動を応援する内部監査を目指しましょう。

この本の概要

　「内部統制」というやや近寄りにくい概念を、よりわかりやすく、より身近に感じていただくために、各LESSONではまず、小説風にアレンジした事例をあげ、その解説を行う形で内部統制を学んでいただく内容となっています。株式会社ザ・サンに就職した、明るく、元気いっぱいの新入社員・井上香織と事件を推理しながら楽しく勉強を進めてください。

　各LESSONは、次のような構成になっています。

■ポイント
　LESSONの概要を簡潔に説明します。
■こちらヘルプライン調査部 事件FILE
　各業務プロセスで起こりうる事例を、小説仕立てで提示します。「ヘルプライン報告書」には事例の概要をまとめています。
■解説
　事件の原因になった内部統制の不備や、どうすればリスクを軽減できたのかなどを解説するとともに、LESSONで扱う業務プロセスにおいて、内部統制の観点から認識しておくべき重要なリスクについて、その軽減、回避策を中心に詳しく解説します。
■チェックリスト
　各業務プロセスにおいて現場で確認すべき一般的なチェック項目をまとめています。
■コラム
　経営的視点も含めて、LESSONを締めくくります。

〈こちらヘルプライン調査部　主な登場人物〉

株式会社ザ・サン　ヘルプライン調査部

井上香織（いのうえ　かおり）
今年都内の大学を卒業したばかりの新入社員。好奇心と探究心を買われ、ヘルプライン調査部に配属された。何事にも一生懸命だが、時々暴走することも。

佐渡　章（さど　あきら）
子会社のサン・ビルディング法人営業部から転籍して、本社ヘルプライン調査部に配属となる。いざという時に必ず頼りになる香織のよき先輩。

松下圭一（まつした　けいいち）
ヘルプライン調査部長。さまざまな事件にも冷静に対処する。

※本書に登場する組織・団体・人物等はすべてフィクションであり、実在の組織・団体・人物等とは一切関係ありません。

内部統制の概念図

　土の中にある栄養素（=内部統制の基本的要素の例示）が、個別の確認事項として具体化していくと、根のような確認事項（例示）になります。これらは、3本の木で表された内部統制の目的※のために確認されます。土の中の栄養を吸い上げ、目的に向かってぐんぐんのびる木を育てたいものですね。

※COSO（トレッドウェイ委員会支援組織委員会）モデルに準拠して図示しています。

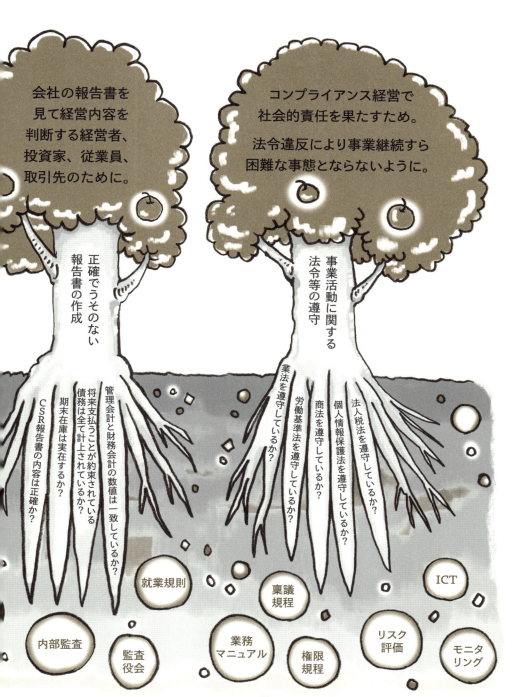

会社の業務プロセス

内部統制は全ての業務プロセスに関係しています。あなたの関係する業務プロセスを探して、そのLESSONから読み進めていただくことも可能です。

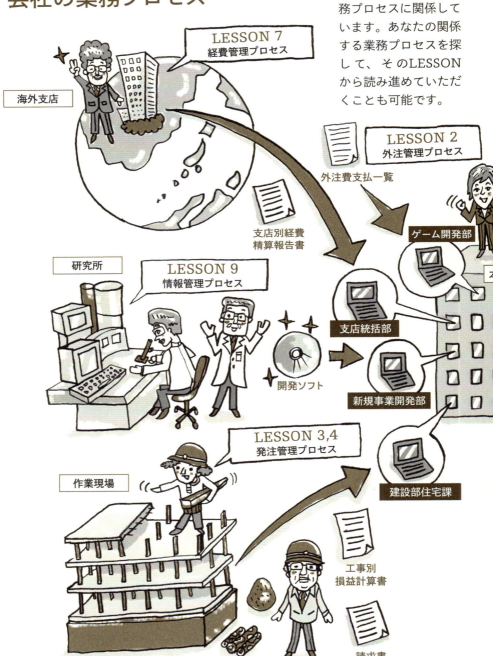

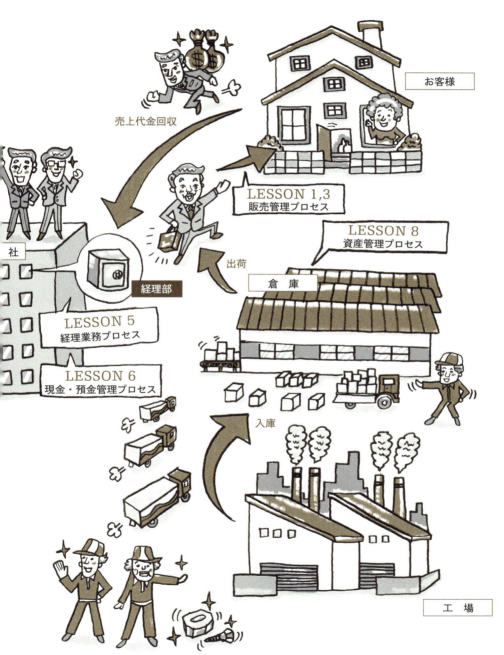

販売管理プロセス

売掛金の魔力

LESSON 1

POINT
LESSON 1のポイント

　　販売管理プロセスは企業の基幹プロセスであるため、リスクマネジメントにおいても最重要プロセスとして取り組んでください。企業内不正による利益の喪失はあってはならないものです。担当者が取引先を回って営業を行うようなサービス形態では、顧客の利便性が向上する反面、営業担当者の行動に監視が届きにくくなります。

　　LESSON 1では、販売管理プロセスにおける内部統制について学習します。

LESSON 1　売掛金の魔力

こちらヘルプライン調査部 事件FILE 1

「売掛金の魔力」

ヘルプライン調査部へ

　2XXX年4月1日――。
　東京の下町・浅草。
　桜の花びらが降り注ぎ、街行く人々の気分を春めかせている。
　隅田川を眼下に眺める10階建ての建物が、株式会社ザ・サンの本社ビルである。株式会社ザ・サンは、車両の部品販売を手がけるサン・トラック、ゲームソフトや英会話教材の開発・販売を行うサン・ポルトなど、数社のグループ会社を擁している。
「はじめまして。今日からこちらの部署に配属された、新入社員の井上香織です。よろしくお願いします！」
　ザ・サンの9階にあるヘルプライン調査部のフロアに、緊張と期待に満ちた声が響いた。
　井上香織は、今春、都内の大学を卒業し、晴れてザ・サンに入社した新入社員である。大学時代は、文学部に籍を置きながら、探偵研究会というサークルに所属し、内外のミステリを読破したという経歴の持ち主。理想の男性は金田一耕助と刑事コロンボを足して2で割った人。好奇心と探究心が自分の取り柄だと自負している。
　挨拶が終わって、香織は改めてフロアを見回した。
　香織の上司となる松下部長、他5人のスタッフが温かな拍手を送ってくれた。
（よかった。緊張で舌が回らなかったけど、なんとか挨拶ができたわ）

拍手が止むと、香織の隣の男性が半歩前に出て自己紹介を始めた。落ち着いた低音の声。

「サン・ビルディングの法人営業部から転籍になりました佐渡章と申します。ザ・サンカンパニーグループの内部統制制度構築のために尽力したいと思います。よろしくお願いします」

（へえ…。佐渡さんって、素敵な声だな。カラオケに行ったらマイクを離さないタイプかも…）

「今、佐渡さんの挨拶にもあった通り、ザ・サンは、子会社、関連会社を含め今まで以上に、グループ全体でコーポレートガバナンスの強化、その前提となる内部統制制度の整備に力を入れることになりました。そのために現有の5名のスタッフに加え、新たに2名の仲間を迎えました」

　松下部長が佐渡の挨拶を受けて組織のミッションを語り始めた。穏やかな語り口だが、その底には強い意志が感じられた。

（「ナ・イ・ブ・ト・ウ・セ・イ」って何だろう？）

　香織は聞きなれない言葉に少し戸惑いを感じた。

「皆さんもご承知の通り、このところザ・サン傘下企業各社の内部統制の不備をついた不正行為が多く報告されるようになっています。新戦力の佐渡さん、井上さんには主に子会社の不正案件の調査を担当してもらうことにします。佐渡さん、井上さん、よろしくお願いします」

　株式会社ザ・サンには昨年から社内の不祥事などに対応するための内部通報制度、通称「ザ・サン　ヘルプライン」が導入されている。そのヘルプラインを通じて寄せられた情報に基づき不正と思われる案件を調査・分析し、再発防止のための改善やルールの見直しなどを指示するのが、社長直轄組織の「ヘルプライン調査部」である。

（まさか、この私がヘルプライン事件調査担当として配属されるとは！確かに就職試験の面接で、大のミステリ・ファンだって言っちゃった

けど…)

　隅田川を臨む窓の近くの席に着いた香織。

　まぶしいほど陽光が差し込んでいる。隅田川の川面がきらきらと光っている。

　電話とパソコンだけが置かれた、きれいなデスク。

　パソコンの画面に香織の姿が映る。ショートボブが似合う、整った頭の形。探究心に満ちた澄んだ瞳。すっきりと通った鼻筋と形のよい唇…。香織は画面の中の自分に語りかける。

(これが私の机、新しい電話、新しいパソコン、はじめて手にする名刺…。よーし、がんばるぞ!)

　さっきまで「ナ・イ・ブ・ト・ウ・セ・イ」という言葉に戸惑いを感じていた香織は、気分を切り替えて背筋をピンと伸ばした…と、その時、デスクの電話が鳴った。

競馬場で会った男

(ええっ?　いきなり電話?　何て言えばいいんだっけ…えーっと、こちら、ヘルプライン…)

　頭の中で応対の言葉を考えている香織の脇で、松下部長がすかさず電話をとった。

「はい、こちらヘルプライン調査部、部長の松下です」

「もしもし、ヘルプラインさんですか？　サン・ポルト英会話教材販売部のものです。実は、気になることがあってお電話しました。できれば私の名前を聞かないでいただきたいのですが、よろしいですか？」
「どうぞ。匿名をご希望の場合、あなた宛の調査報告はできませんが、あなたの情報を会社のために活かすことはできます。ご遠慮なく、お話し下さい」
「そうですか。でも内部通報ってなんだか言いつけるみたいで、ちょっと…」
「いや、内部通報は決して『言いつけ』ではありません。お寄せいただいた情報によって、会社や組織をよくする仕組みなんです。何も後ろめたいことなどありませんよ。気持ちの整理がついたら、少しずつでもいいのでお話しください」
「わかりました。それでは、申し上げます。実はこの間、代休が取れたので久々に競馬場に行ったのですが、そこで、勤務中のはずの同僚の山崎慶介さんが熱心にレースを観戦している姿を見てしまいました。ニット帽を目深にかぶっていましたが、あれは確かに山崎さんでした。
　レースが終わるごとに、山崎さんの顔は暗くなっていきました。外れ馬券をビリビリに破いて、地面に叩きつけていて、ちょっと近寄りがたい雰囲気でした。何か重たいものを背負っているような感じで、見ている私まで暗い気持ちになりました。
　言いつけたいというより、放っておけないような気がしたのが正直な気持ちです」
　松下部長は、ところどころポイントとなる言葉を復唱し、相手に確認を求めた。香織は、その言葉を拾い、メモ帳に書き付けていった。
「わかりました。貴重な情報をありがとうございます。早速調査を開始しましょう」
「よろしくお願いします」
（なるほど、通報電話にはこのように対応すればいいのね！）

電話対応に見とれていた香織に、松下部長が指示を出した。

「井上君、早速調査です。サン・ポルトの山崎氏が競馬にのめりこみ、勤務時間にも競馬場へ足を運んでいるようです。競馬資金に困って社内不正を行っている可能性もあります。早速、山崎氏の業務状況の調査から行います。匿名での通報ですので現段階ではこれ以上の情報はありません。今回の案件は私と井上君のチームで当たりましょう」

「はい！　承知いたしました！」

こうして香織の「会社員探偵生活」は配属初日から始まった。

営業活動報告書から見えたもの

「村田部長、サン・ポルトの営業部員の方は、毎日『営業活動報告書』を記載していますね。山崎さんの営業活動報告書を見せていただけませんか」

ソフトだが、力強い声で松下部長が話しはじめた。

サン・ポルトの英会話教材販売部・村田部長の顔には戸惑いの表情が浮かんだ。

ヘルプライン調査部は社長直轄の組織である。調査の際には、絶対的な資料閲覧権限を持っている。たとえ大ベテランの管理職に新入社員の香織が要請したとしても、調査に必要な資料はすべて開示される。今回は、松下部長の依頼だが、香織自身が1人で資料開示の依頼を行う日も近いだろう。

村田部長は、事務担当者に命じて山崎の営業活動報告書を持って来させた。

松下部長は、まず、昨年の4月から今年の3月までの1年分を確認することを香織に指示した。

山崎の昨年の営業活動報告書は、とても丁寧に記載されている。

営業活動の内容、その成果、今後のアクションや予定が目に見えるように書かれていた。ところが、ここ数ヵ月の営業活動報告書は記載

が雑になり、同じ顧客への訪問記録が繰り返されているだけで、営業の成果が上がったのか、どのような活動を行っているのか、よくわからない内容となっている。もちろん、「競馬場訪問」と記載されているわけはない。が、限りなくあやしい勤務態度であることが推測できた。

「村田部長、山崎さんの営業活動報告書は見ていらっしゃるのですよね？」

「いやあ、このところ忙しくてね。全員の営業活動報告書を見ている暇はないんだよ。それになんと言っても山崎は優秀なトップセールスマンだからね。営業活動報告書なんか見る必要がないのさ」

（なるほど、忙しい部長のもとで、山崎さんは野放し状態になっているわけね。それなら、なおさら不正を行える可能性は高いということだわ）

「それでは、村田部長。山崎さんの売上成績を見せてください」

「『個人別売上成績表』が作成されているから、それをお見せしよう」

　そう言って、村田部長は机の引き出しから1冊の分厚いファイルを取り出し、山崎のページを探し出した。やがて村田の表情が凍り、目には驚きの色が浮かんだ。

「ちょ、ちょっと待てよ。こんなはずはない。山崎はうちの部のトップセールスマンだぞ。いつも人の2倍の売上を上げていたはずだ。その山崎の売上がここまで落ちているとは…。データがおかしいんじゃないか？　調べてみよう」

悲しい報告

　それから3日後——。

　村田部長からヘルプライン調査部松下部長宛に電話が入った。松下部長が会議で席を外していたため、香織が応対した。

「井上さん、悲しい報告をしなければならない。山崎が…、山崎が売

24

上代金を着服していたよ。着服した売上代金は競馬資金にあてていた
そうだ。発覚を恐れて、他の顧客の売上代金で着服分を埋め、さらに
他の顧客の売上代金で、流用したその顧客の売上代金を埋めるという
ことを繰り返していたようだ。やがて埋めきれない金額が膨らみ、
焦った山崎は競馬で一攫千金を狙って埋め合わせをしようとした。

　そんな状況で、ここ数ヵ月、競馬場通いで営業どころではなかった
んだそうだ。

　あれから山崎の売上状況、債権の回収状況を徹底的に分析した結果、
売上が減少しているだけではなく、山崎が担当する顧客からの債権回
収状況が目立って悪くなっていることもわかった。

　昨晩、山崎を問い詰めた結果、真実を打ち明けたんだよ。まだ正確
な計算はできていないが、数百万円の売上代金が会社に入金されず、
山崎の競馬資金になってしまったようだ」

　村田部長の声はさらに沈んでいった。

「昨年のことだ。山崎の息子が難病を発症した。現在も入院している
そうだ。山崎が言うには、治療費が高額で生活が苦しくなり、独身時
代に覚えた競馬で治療費を稼ごうとしたようだ。

　最初は調子がよかったらしい。で、競馬の楽しさにのめり込んでし
まった。賭け金を増やそうと思い、お客様から回収した手持ちの売上
代金まで賭けてしまったのが今年の1月。それからは負けがこんで、
このようなことになってしまった。今では消費者金融にも手を出し、
山崎本人も相当悩んでいたらしい。

　こんなことになっていることも気づかなかったなんて、井上さん、
私は何てだめな上司だったんだろう…」

　受話器を置いた香織は、疲労感に包まれた。

（確かに、今回の事件には一面で同情する理由もあると思う。だけど
…やっぱり着服は着服。もし、「ナ・イ・ブ・ト・ウ・セ・イ」って

いう仕組みが働いていたら、山崎さんのような不幸な人を生み出さな
かったのかしら？）

　暮れていく浅草の町を眺めながら、香織は考えていた。

2XXX年4月25日

ヘルプライン調査報告書

松下圭一、井上香織

部署・担当：株式会社サン・ポルト　英会話教材販売部・営業担当
被害総額：900万円
時　　期：2XXX年1月〜2XXX年3月

事件内容

売上代金回収金の着服（隠ぺい手段はラッピング）

業務プロセス

売掛金回収・売掛金管理／販売管理プロセス

内部統制上欠けていたポイント

- トップセールスマンに対しても管理を例外にしない
- 上司による営業活動報告書レビュー
- 滞留期間3ヵ月以内の債権管理
- 領収書控の事務担当による内容確認
- 担当者別業績の分析
- 職場のコミュニケーション

販売管理プロセス
外注管理プロセス
販売・発注管理プロセス
発注管理プロセス
経理業務プロセス
現金・預金管理プロセス
経費管理プロセス
資産管理プロセス
情報管理プロセス

解説

販売管理プロセスにおけるリスクとその軽減・回避のための内部統制

　この事例の場合、トップセールスマンに対する管理職の過信と滞留期間3ヵ月以内の滞留債権に対する不十分な債権管理が事件の直接的な原因となっています。職場の信頼関係と内部統制は別々に考えるべきものです。社員を犯罪者にしてしまってから後悔しても手遅れです。

　営業部門の管理職は、個人別営業成績の分析や債権回収状況の分析を怠ってはなりません。優秀な部下であっても聖域を作らず、活動状況を常にモニタリングすることが望まれます。

　また、この事例の場合、不正を犯した社員には、家族の病気から生活費に窮する事態が生じていました。プライバシーの問題はありますが、上司は部下の私生活に問題がないかなど、広範囲にわたり、部下に関心を寄せることも必要です。

1. 販売管理プロセスにおける特有のリスク

　販売管理プロセスで最も基本的なリスクは売上が減少する、または増加しないリスクです。このリスクにどのように対応するかが経営戦略であり、それを数値化するのが事業計画です。

☑ 管理会計を整備し、サービス、商品別等に費用対効果を測定し、現状を分析することは、タイムリーかつ有効な意思決定に指針を与え、戦略を実現するための内部統制です。

分析の手法としては、

- 予算と実績の数値を比較し、その原因を究明する。
- 前期と今期の同月数値を比較し、原因は妥当か分析する。
- 月次の推移を見て、数値に異常な凹凸がないか確認する。

などの方法が代表的です。現場ではさらに、担当者別やプロジェクト別などにブレイクダウンされた単位で数値を分析することが望まれます。そのように細分化された分析で、さらに、問題点・改善策が明確になるからです。

この費用対効果の数値化こそが、いわゆる「管理会計」です。「管理会計」は企業にとっても最も基本的なリスクマネジメントの手段となります。

次に、どのような業種にも共通しているリスクとして、顧客企業の業績の悪化に伴う、売上減少や債権の回収リスクが挙げられます。

☑ 特にB to B（販売先が消費者ではなく企業である業種）企業では、顧客の与信管理が重要になります。与信度に応じて、売上金額の限度を社内で定める手法が一般的です。

☑ また、いわゆる「取り込み詐欺※」防止対策として、急激
な取引量の増加に注意を促す必要もあります。

※取り込み詐欺の手口は、最初、少額の取引を繰り返し、相手企業を
信用させておいて、突然大口の発注を行い、物だけ入手して逃げる
というものです。

得意先にノウハウや人材が流出するリスクもあります。

☑ 機密情報に関しては、得意先と「守秘義務契約」を締結し
ましょう。

☑ 得意先担当者のモチベーション管理や評価制度に十分に配
慮しましょう。

　大口得意先など、会社に対し大きな力を持つ得意先から圧力が
かかり、法律違反を要請されるリスクもあります。

☑ 粉飾決算への協力や、違法な取引を要請された場合には、
勇気を持って断る必要があることを教育しましょう。

2. 販売管理プロセスにおける不正リスク

（1）売上の過大（架空）計上で営業成績を実際よりもよく見せる粉飾
　最悪のケースでは会社ぐるみで粉飾を行い、発覚して会社の信
用力が失墜し最終的には倒産にまで至るようなケースもあります。
会社員が行う粉飾は、ノルマを達成するために個人やチームの成

績を過大に報告する目的で行われるのが一般的です。今月のノルマ達成のために次月売上を今月売上として報告するようなことも、正確な月次決算をゆがめる粉飾です。

☑ 売上の過大（架空）計上を防止するためには、報告された売上を証明する資料を検証することが重要です。以下のような点に留意して証拠資料を検証してください。
　① 契約書、領収書控、検収書など必要な証拠書類は入手されているか。
　② 領収書控などに記載された日付と、売上が報告されたタイミングは整合するか。
　③ 契約書の金額、日付と領収書控の金額、日付などの記載内容は相互に整合するか。

☑ 売上の過大（架空）計上による不正には代金の回収が伴いません。得意先別回収期日を一覧できるように債権管理表を作成するなど、債権管理を徹底すれば、発見は容易です。

☑ 取引先との約束の期日より早期に販売代金が入金される場合※も、何らかの異常を疑いましょう。

※売掛金の早期回収!?
　好ましいことのようでもありますが、売掛金が入金期日よりも早期に入金された場合にも何らかの不正行為が絡んでいる可能性があります。例えば、3月の売上ノルマは達成したので、ノルマを超える3月売上は翌月分として上司に報告したいなどの動機により、本来は3月に計上すべき売上を、会社へは4月売上として報告するというよ

うなケースの場合、得意先は3月の業務なので月末締めの翌月払い
という約束になっていれば4月に入金してくるでしょう。会社では4
月売上と認識しているので、5月の入金を予定しているものが、4月
に入金されるので、あたかも売掛金が早期に回収されたかのように
みえるわけです。このように、売掛金は滞留した場合にのみ注意を
払うのではなく、予定外の入金のすべてに注意を払う必要がありま
す。

（2）売上代金の着服

　代表的な売上代金の着服手段には以下のような二つの手段があ
ります。

　一つは事例のような回収代金の着服で、回収代金の埋め合わせ
（ラッピングといいます）が隠ぺい手段として実行されます。この
ような不正が行われると、領収書控の記載内容と報告内容が異な
る、売上代金が滞留しがちとなるという事態が発生します。

☑ 滞留債権が知らぬ間に抹消されないよう、債権の貸倒償却
には承認のルールが必要です。

☑ 領収書控は連番管理で漏れを確認したうえ、入金額と照合
しましょう。

☑ 得意先別債権元帳や担当者別債権元帳を作成して、債権残
高に異常がないことを確認しましょう。

☑ 現金取引を少なくすることが最も確実な予防となります。

もう一つの代表的な着服方法は、売上がなかったことにするいわゆる「売上除外」と呼ばれる方法による代金着服です。このようなケースでは、売上自体がなかったこととされるため、滞留債権は発生せず、発見が遅延しやすくなります。

☑ 営業日報は「売上除外」の牽制にも役立ちますので、営業日報の内容は売上計上額と照合するようにしましょう。

☑ 商品販売の場合、あるべき在庫数量と実際残高に差異が生じるはずですので、在庫商品の数量管理（棚卸）を徹底すれば発見が容易になります。

反面、サービスを売る商売の場合、売上除外の発見が困難な場合があります。行動管理や業績評価によるモチベーション管理が重要となります。

CHECK LIST
販売管理プロセスチェックリスト

1. 「管理会計」により売上の内容を常に分析し、分析結果を報告していますか。 ☐

2. 上司と販売員は、コミュニケーションを頻繁にとり、上司は、販売員の活動内容を常に把握していますか。 ☐

3. 販売員の活動内容や個人別実績数値を詳細に把握することにより、販売員の適切な評価を行っていますか。 ☐

4. 得意先の与信管理を行っていますか。 ☐

5. 特定の顧客から、突然注文が増加した場合、注意して理由を確認していますか。 ☐

6. 請求書の発送業務は得意先担当者とは別人が行っていますか。 ☐

7. 領収書控と入金事実の間に不自然なことがないか確認していますか。 ☐

8. 売掛金管理台帳と試算表上の売掛金額が一致していることを毎月確認していますか。 ☐

9. 販売員から報告された売上の内容が、得意先との契約書等の記載内容と合致していることを確認していますか。 ☐

10. 会計上、売掛金の貸倒償却を行う場合は、その理由、回収努力の経緯、責任者の承認を確認できる書類が経理へ回覧されていますか。 ☐

11. 会社発行の領収書は連番を付し、未使用の領収書綴りは必要なもののみ販売員に渡し、使用後は、遅滞なく返還させていますか。 ☐

12. 販売員別債権残高の確認と年齢調べ（滞留期間調べ）を定期的に行い、責任者による検閲を行っていますか。 ☐

13. 定期的に得意先へ債権残高の確認（照会）を行っていますか。 ☐

14. 現金の取り扱いが減るような対策は講じていますか。 ☐

15. 在庫商品の数量管理の徹底を行っていますか。 ☐

営業管理と内部統制

　販売業務における内部統制は、営業管理業務の延長線上にあると考えてください。
- 営業成績が常に分析され評価されていること。
- 行動管理やチーム内の情報交換を怠らないこと。
- 取り扱い在庫商品が常に整理整頓され数量管理されていること。

　このような日常管理がきちんと行われていれば、担当部門のリスクも軽減・回避が可能となります。内部統制は平常のマネジメント業務と分けて考えるものではなく、営業管理の一環として運用することで、内部統制を強化しながら担当部門の成績も向上させることができるものです。

外注管理プロセス

外注管理の危険

LESSON 2

POINT
LESSON 2のポイント

　人手不足という時代的背景もあり、会社業務はさまざまな場面でアウトソーシング（＝外注）されるようになりました。外注戦略を軽視すれば同業との競争が不利になることもあるでしょう。しかし、外注費は「人の作業」に対して支払われることから、物の動きが伴わず、牽制が効きにくい特性があります。特に、作業監督者は不正を行いやすい立場におかれます。

　昨今では、銀行窓口の規制が厳しくなり、架空の預金口座を開設しにくくなっているため、架空の預金口座を利用した不正は減少しました。しかし、外部の業者と共謀して、実態のない経費や過大な経費の支払を行う不正は後をたちません。今後もアウトソーシング化は進むと考えられます。外注に伴うリスクマネジメントはますます重要になるでしょう。

　LESSON2では外注管理プロセスにおける内部統制を学習します。

LESSON 2　外注管理の危険

こちらヘルプライン調査部 事件FILE 2

「外注管理の危険」

あやしい取引先

「パクパク王子の冒険Ⅱ、完成おめでとう！　かんぱーい」
　5月下旬のある日、吉祥寺・井の頭公園に程近いワンルームマンションの一室。
　ゲームソフトなどの開発を行うサン・ポルト社ゲーム開発部の開発スタッフ・小林京子と同部の事務スタッフ・立石恵理が、大ヒットゲームソフト『パクパク王子の冒険Ⅱ』の完成を祝して、2人だけの打ち上げをしている。
　デリバリーのピザとビールだけのささやかな酒宴だったが、京子も恵理も大作ゲームが完成した充実感に満たされていた。2人は、今回の新作ゲームの開発プロセスの苦労話で盛り上がった。やがて―。
「ところでさ、京子、今回のパクパクプロジェクトで業務委託した有限会社ラン・メディアって、あの有名なゲームソフト会社の株式会社ラン・メディアと何か関係あるの？」

「恵理、それ何？　ラン・メディアなんて外注先、聞いたことないけど？」

「うそ、そんなはずはないよ。だって、結構外注費を支払っているもの」

「ええー⁉　知らないって」

「…なんか、おかしいってこと？」

「うん、変。あやしい」

「パクパクプロジェクト？　ええ、知っています。サン・ポルトの大ヒットゲームソフト『パクパク王子の冒険』シリーズの企画・制作をした社内プロジェクトですね。メインキャラクターのパクパク王子が100人の敵を倒す、っていうストーリーでしたよね。で、そのゲームソフト開発プロジェクトの外注先である、有限会社ラン・メディアのスタッフを小林さんも立石さんも社内で見かけたことがない、ということなんですね？」

　京子と恵理が、『外注費支払一覧』をたずさえ、井上香織のもとを訪ねたのは翌日のことだった。初夏だというのに、その日は朝から冷たい雨が降り続けていた。いつもなら陽光の降り注ぐヘルプライン調査部も灰色に沈んでいる。

「そうなんです。ゲームソフトプロジェクトの場合、外部スタッフの方が社内で一緒に作業をすることが多くて、私も名前や顔をよく知っているんです。でも、ラン・メディアさんのスタッフを見たことがないんです。見てください、この支払額」

　そういって京子は香織に『外注費支払一覧』を差し出した。確かに、他の外注先に比べ、高額の支払いを行っていることがわかった。

「これだけの多額の外注費を支払うような業務だったら、重要な仕事を発注しているはずなのに、そんな仕事も思い当たりません。それに普通、外部スタッフの方に業務を発注する場合でも、社内で打ち合わ

せをしたり、一緒に作業をしたりするはずなんですが、一度もラン・メディアの方を見たことがないんです。日頃、プロジェクトの損益表を見せてもらったことがないから、どのくらいの外注費が発生しているか、知りませんでした。しかも、このゲームはほとんどが内部で制作しているはずなんです。こんなに外注費を支払っていること自体、変なんです」

「わかりました。すぐ調査を開始しましょう。もう少し詳しくお話を伺えますか？」

プロジェクトリーダー

　その後、香織が京子と恵理から聞き出せたのは、次のような事実だった。

　外注先の選定、発注、支払申請はすべてプロジェクトリーダーである田口耕平が行っていること。

　ゲーム開発部長・猪狩は、パクパクプロジェクトの損益に無頓着であり、田口による発注及び支払申請書については、ろくに目を通さず印を押していること。

　部内でプロジェクト損益の検討が行われたことがないこと。

　がんばって効率よく作業をしても評価されない体制と、仕事を部下に丸投げにする上司──。

　日頃からこんな体制と上司に不満を感じていた2人は、田口にも猪狩にも内緒で香織のもとを訪れたのだった。したがって、今回の一件も通報者匿名案件ということになる。通報者匿名案件の場合、通報者が特定できないよう、慎重な調査をしなければならない。疑惑の核心に少しずつ、少しずつ近づいていくのだ。そう、往年の名作ドラマ「刑事コロンボ」のように…。このドラマにハマり、DVDを全巻制覇した香織は、コロンボを気取ることにした。

　松下部長に報告すると、今回の案件は香織がリーダー、佐渡がサ

ポーターとなり進めることになった。香織は早速行動を開始した。ただし、適宜佐渡に状況を報告するという条件付きである。

「お隣に座ってもいいですか。今年入社した井上香織と申します」
　ランチタイムでにぎわう社内食堂。香織は目指す人物・田口耕平に話しかけた。長く伸ばした髪をポニーテールにした田口は、1人で大盛りのカレーライスを食べている。ポニーテールは、白髪交じりだから、それなりの年齢だと思われるが、奇抜な柄のTシャツを身につけ、ひざの破れたジーンズにブーツを履いている。個性的な人間が集まるゲーム開発部の中でも、ひときわ異彩を放っていた。
「あの、失礼ですが、ゲーム開発部の田口さんですよね。『パクパク王子の冒険』のプロジェクトリーダーの。私、以前からあのゲームの大ファンなんです！」
　田口はスプーンを口に運ぶのを止めて顔をほころばせた。
「そうですか。いやあ、あなたのように素敵なファンがいるなんて、光栄だなあ」
「まあ、お上手ですね…。あ、そうだ、シリーズ第2作、完成されたそうですね。おめでとうございます。ビッグプロジェクトだったから、きっとご苦労も多かったのでしょうね」
「まあね。前作より制作期間が短かったから、ちょっと苦労したな」
「じゃあ、やっぱりたくさんの外部スタッフにも制作を委託されたんでしょうね」
「『パクパク王子』は私たちの自慢のゲームさ。ほとんど社内のスタッフで制作しているんだよ」
「え？　そうなんですか。私はてっきり、外部委託が多いのかと思ってました」
「何だ。いやに外部スタッフにこだわるね。何が言いたいんだ？」
「いえ、別に」

42

田口は少しいらだちを見せた。食べかけのカレー皿にスプーンを置き、ナプキンで口の周りを拭いた。

「急ぎの用事で外出するのでね。これで失礼するよ」

そう言って田口は立ち上がり、出口の方に向かい始めた。その背中に向かって香織は言った。

「田口さん。一つだけいいですか？　ラン・メディアっていう会社、ご存知ですよね」

「…」

田口は一瞬立ち止まったが、香織の問いかけには無言で出口に急いだ。

（やっぱり変ね。何かあるわ。本当は佐渡さんに報告したいんだけど、今がチャンス。追跡しなきゃ）

香織は、ランチにほとんど手をつけないまま、田口の後を追って食堂を後にした。

冷たい雨の中で

香織は、会社の裏側に位置する駐車場で、物陰に隠れるようにして携帯電話で話している田口を見つけた。

「あれ？　外出するっておっしゃってましたよね。まだ出かけなくていいんですか？」

雨の中で、傘もささずに携帯電話でひそひそと話をしていた田口の後ろ姿は、こちらにもわかるくらい大きく震えた。田口は携帯電話から顔を離し、香織の方を振り返った。

「すいません、田口さん。次回作のゲームの話が聞けるかと思って、ついつい立ち聞きしてしまいました」

田口は泣きそうな顔になった。そして、香織に近づくと、耳元に顔を寄せ、震える声で言った。

「黙っていてくれないか。100万円、いや、1,000万円、君に払う。2

人の秘密にしよう」
「何を秘密にするんですか？」
「ふざけるな。どこまで聞いてたんだ！」
　そう言うと田口は、香織の肩をつかんで怒りに満ちた顔を近づけてきた。香織は田口の剣幕に恐怖を感じた。雨は土砂降りになっている。
「田口さん、そこまでだ」
　佐渡の落ち着いた低い声が聞こえた。香織がランチから戻らないのを心配し、会社中を探していたのである。佐渡はゆっくりと近づいた。
「井上君、だめじゃないか。単独で行動するのは構わないが、ちゃんと僕に連絡や報告をしなくっちゃ。僕たちはチームで動いているんだからな。探究心と行動力が君の長所だが、万が一のことがあったらどうする。田口さん、申し訳ないが、場所を変えてゆっくり話を聞かせてください」
　そう言うと佐渡は田口の肩を押して、会社に戻るように促した。
　ヘルプライン調査部で事情を聞いたところ、香織を恫喝した現場を押さえられた田口は観念したらしく、佐渡の質問にすべて答えた。
　その結果、これまで2年間にわたり、田口の知人であるSEに架空外注費を支払っていたこと、そして、その約半分が田口へバックされていたことが明らかになった。田口の知人のSEが代表を務めるペーパーカンパニーが、有限会社ラン・メディアだったのだ。

　今回の事件は香織によって解決に至った。だが、単独行動により佐渡に心配をかけてしまったことは大きな反省点だ。デスクに戻った香織は、何も手に付かず、灰色の浅草の町をぼんやりと見下ろしていた。
「井上君。濡れたままでは風邪ひくぞ」
　いつの間にか、香織の背後に佐渡が立っている。
　佐渡は浅黒い顔にやさしい笑みを浮かべ、香織に湯気のたったコーヒーカップを差し出した。

44

2XXX年5月30日

ヘルプライン調査報告書

井上香織、佐渡章

部署・担当：株式会社サン・ポルト　ゲーム開発部・開発担当
　　　　　　パクパクプロジェクトリーダー
被害総額：5,000万円
時　　期：2XXX年3月〜2XXX年5月

事件内容

架空外注費の支払（支払額の約半分がキックバックされていた）

業務プロセス

外注費支払／外注管理プロセス

内部統制上欠けていたポイント

- 外注方針の明確化
- 新規支払先登録時の承認手続
- 支払と発注業務の分担
- チーム内でのプロジェクト損益の透明化
- プロジェクト損益の管理・分析
- 責任者による外注先選定承認
- 相見積りによる発注

解説

外注管理プロセスにおけるリスクと
その軽減・回避のための内部統制

　この事例は、長期にわたる不正行為を発見することができなかった事例です。ゲーム開発部長が、開発業務を部下に丸投げにし、発注と支払の申請にもろくに目を通さず印を押していたこと、各プロジェクトにおける費用の内容を分析していなかったことに決定的な内部統制上の不備がありました。

　発注内容に照らし、発注先選定は妥当か、発注金額は相見積り（入札制）などの方法で低く抑える努力がされているか、支払手段に異常性はないかなどを確認し、契約を行っていれば、このような不正は回避できたはずです。また、**プロジェクト別損益で費用対効果を分析**していれば、このように長期にわたる不正は防止することができたでしょう。

1. 外注管理プロセスにおける特有のリスク

　外注先の作業内容の質が悪ければ、自社の商品・サービスの質を維持するため、作業のやり直しを余儀なくされることもあります。また、外注先が業務途中で倒産して、契約通りの業務が実施されないリスクもあります。

　外注先が業務上取得したノウハウを利用して事業を拡大し、競合企業になるリスクや、人材を引き抜くリスク、顧客からダイレ

46

LESSON 2　外注管理の危険

クトに仕事を受注してしまうリスクもあります。

　取引マナーを守り、納期を厳守し、品質にも問題のない作業を行う外注先は、企業にとっての重要な取引先となります。協力関係を強化するため、外注先の教育や研修を行っている企業や外注先の監査を行っている企業もあります。
　優良な外注先とのwin-win※な関係を築けるよう、

　☑ 外注業務は管理方針を明確にしましょう。

　担当者に外注先との取引をまかせきりにするというのは、望ましくありません。

　※「三方よし」などとも言われます。自社だけの発展ではなく、提携
　　業者とともに発展することは、企業としての社会的責任を果たすこ
　　とにもなります。

2. 外注管理プロセスにおける不正リスク

　架空または過大な外注費を会社が支払うように仕組み、差額を着服する、または、外注先からバックリベートを受け取る方法によって実行されます。原価外注費は、販売費・一般管理費の不正に比べ、金額が多額になることが多く、会社に大きな損害をもたらします（バックリベートに関してはLESSON3を参照してください）。

　外注取引の場合、人の作業という見えにくいサービスに対して発注内容、実施状況を確認しなくてはなりませんので、

　☑ 業務を熟知している直属の上司の牽制が最も有効です。

☑ 異常な費用を発見するには、売上金額と対比して費用対効果を見るプロジェクト別損益の分析が欠かせません。

　業者は有利な発注をしてもらおうと、担当者に接待や贈り物など誘惑の手を差し伸べてくるものです。業者の手口は巧妙なことも多く、担当者が「このくらいなら…」と考えているうちに神経が麻痺し、やがて現金を受け取るようになるケースが少なくありません。

☑ リスクが高い取引ですので、伝票や証憑類は批判的に（懐疑心をもって）検証するようにしてください。

☑ 発注時には以下の点を確認します。
　① プロジェクトにとって外部委託が必要な業務を発注しているか。
　② 発注先の選定理由は妥当か。
　③ プロジェクトの損益は正常であるか。外注費の費用対効果は適当か。
　④ 2社以上の業者に見積りを取っているか。
　⑤ 支払条件は社内で認められた基準に沿っているか。
　⑥ 外注先と契約書、発注書の取り交わしを作業開始前に行っているか。
　⑦ 外注作業を定期的に確認する仕組みがあり、契約書にもその旨記載されているか。
　⑧ 外注先の与信管理は行われているか。
　⑨ 外注先に貸与する機材がある場合、貸与機材について

LESSON 2　外注管理の危険

の契約も交わされているか。また、その契約内容は社内基準に合致しているか。

☑ 作業完了時には以下の点を確認します。
　① 作業報告書が提出されているか。
　② 作業報告書の内容は検収され、検収書に検収者の確認印があるか。
　③ 作業報告書に記載されている作業内容は契約書の内容と整合するか。
　④ 作業報告書、検収書に記載されている日付は契約時に予定された日付と整合するか。
　⑤ 支払担当は、責任者の承認のある契約書、作業報告書と請求書の内容を照合してから支払処理を行っているか。
　⑥ プロジェクトの収支は予定通りの実績となっているか。

CHECK LIST
外注管理プロセスチェックリスト

1.	外注委託について委託管理方針を定めていますか。	☐
2.	上司は担当者と外注先との関係を常に把握していますか。	☐
3.	外注先から接待を受けてはいけないことを、教育していますか。	☐
4.	外注先の与信管理を行っていますか。	☐
5.	外注先への作業委託内容は具体的かつ詳細に取り決められていますか。	☐
6.	発注と支払は別の人が担当していますか。	☐
7.	発注の際は2社以上から見積りを入手していますか。	☐
8.	契約書、発注書、作業報告書、検収書、追加発注書など、取引関係の書類を漏れなく作成していますか。また、それらは適時に入手されていることを検証していますか。	☐
9.	上記取引内容の書類と実際の作業内容に差異がないか確認していますか。	☐
10.	発注内容と実施作業内容については整合性を検証し、検収していますか。	☐
11.	支払部署において、外注先銀行口座の新規登録は承認者の承認がないと登録できない仕組みになっていますか。	☐
12.	支払は責任者が内容を検証していることを確認した上で、支払担当が行っていますか。	☐
13.	支払は所定の支払サイト（仕入先と約束された締め日ごとの支払期日までの期間）により、事前に登録された銀行に振込を行っていますか。	☐
14.	上司は外注業務の費用対効果を常に分析評価していますか。	☐
15.	プロジェクト別損益についてはプロジェクトチームに公開され、内容について議論されていますか。	☐

モチベーションアップと内部統制

　企業が成長するためには、その企業の目標が、企業を構成するすべての人に細分化された目標となって配分されている必要があります。そして、その目標に対する達成度を評価することにより、担当者のモチベーションをアップさせていくという手法がいわゆる「目標管理」によるマネジメント（ピーター・F・ドラッカー）です。

　自分の携わっている業務の損益は予算達成しているのかどうか、先期に比べて向上しているかどうか等々に関心を持っていない人はいないと思います。利益追求を目的とする企業にとって、それらは、自らの役立ちに対する成績表でもあるからです。

　商品別、またはプロジェクト別などの損益について目標を掲げ、実績との対比を常にオープンにして議論することは、担当者のモチベーション向上になくてはならないことです。売上が足りな

かったのか、費用をかけすぎたのかなどの費用対
効果（成果）をオープンに議論することで、たい
ていの不正経費が発見・防止可能となります。内
部統制の強化と同時に担当者のモチベーションも
向上しますので一石二鳥ですね。

販売・発注管理プロセス

バックリベート
の魅惑

LESSON 3

POINT
LESSON 3のポイント

　いわゆる「バックリベート」は非常に多い不正手段です。「袖の下」などとも呼ばれますが、不正行為者がバックリベートを得意先から受け取る場合と仕入先から受け取る場合に大別されます。

　得意先と通謀するケースでは、不当な値引きや、得意先に支払うべき売上割戻し（リベート）の水増しを行い、その一部をバックリベートとして受け取り着服するというパターンで不正が行われます。

　仕入先と通謀するケースでは、商品やサービスを購入した見返りに、仕入先から個人的にリベートを受け取り着服するというパターンで不正が行われます。

　いずれも取引先と通謀していることから、発見されにくいのが特徴です。

　LESSON 3では販売・発注管理プロセスにおけるバックリベートとその軽減・回避のための内部統制について学習します。

LESSON 3　バックリベートの魅惑

こちらヘルプライン調査部 事件FILE 3

「バックリベートの魅惑」

告発の電話

「もしもし、ヘルプライン調査部でしょうか」
「はい、こちらヘルプライン調査部、井上です」
「サン・トラック営業部の片岡と申します。実は、ご相談したいことがあってお電話したのですが…」
「どうぞ。もしご希望でしたら匿名の扱いにいたしますので…」
「ありがとうございます。そうしてもらえれば助かります。

　先日、社内の機構改革に伴って、営業社員の担当顧客変更がありました。で、新しく担当することになった中川工業さんを訪問し、ご挨拶をしたんですが、帰り際、中川社長から、気になることを聞いたんです」
「気になること？　どういったことですか」
「それが、私の前任だった木村洋平君が、中川社長にバックリベートの話を持ちかけたって言うんです。今までの値引き率をもっと上げるから、その分、リベートをくれないかと言ったそうなんです。社長も最初は冗談かと思ったそうです。でも、木村君はまじめなタイプで、冗談を言うタイプではありません。それに少し焦ったような顔つきをしていたそうなんです。もちろん、中川社長はバックリベートのことはきっぱり断られたそうです。中川社長が私に、心配そうに言ってくれたので気になってしまい、お電話したんです」
「ありがとうございます。早速調査してみます」

「よろしくお願いします」
　香織は、受話器を置くと、松下部長と佐渡に今の電話の内容を報告した。
　松下部長は、サン・トラック営業部に電話をかけ、木村の上司に連絡を取った。
　やがて木村が悄然としてヘルプライン調査部を訪れた。その顔はひどくやつれて見えた。

木村の告白

　自動車部品メーカー・ヤマウミの山田社長はとても気さくな方でした。
　営業で夕方お邪魔した時など、よく飲みに連れて行ってくれました。
　私も、山田社長の人柄に惹かれ一生懸命営業をしていましたから、気持ちが通じたんだと思っていました。
　誕生日には、私など入ったことのないホテルの最上階にあるバーに連れて行ってくれました。高級なお酒がたくさん並んでいました。
　ホテルのバーからはすばらしい夜景が見えました。マティーニグラスの向こうに、高速道路と東京タワーが光輝いていました。
　そのようなお付き合いが半年ほど続いたある日、山田社長が私に切り出しました。
「木村君、君の熱心な営業には頭が下がる思いだよ。君の会社から購

入している部材は、実を言うとヒュートラック社からも購入していたんだが、これからは全面的に君の会社からの仕入に切り替えたいと思っているんだ」

私は天にも昇る気持ちでした。単純に考えても売上が2倍と踏んだからです。

突然の話に私がぼーっとしていると、

「そこで、だ。今後、君のところから全面的に仕入れるとして、わが社に対する値引き率を現状の2割から4割に上げてくれないだろうか」

「社長、2割から4割はいくらなんでも…」

「大きすぎる、と言うのかね…。ふふん。

いいかい、木村君、よく考えてごらん。わが社からの売上はこれまでの倍になるんだよ。値引き率も倍にしたって問題ないんじゃないか。

しかも、木村君。それだけじゃない。君にとってもう一ついい提案があるんだ」

「いい提案？」

「値引き率を上げてもらった場合には、上げてもらったうちの半分は君にプレゼントしようと思っているんだ」

私はそれがバックリベートであることは即座に理解し、その提案に戸惑いました。

「現在、わが社は君のところから月500万円ほど材料を購入しているね。これが倍になる。1,000万円だ。値引き率アップをすると月200万円の値引き額アップとなる。その半分、つまり100万円が君の収入ということだ」

私は「月100万円」という言葉に感覚が痺れ始めました。以前から欲しかったスポーツカーが私の脳裏をよぎったその時でした。

「木村君、君の上司は君に仕事を丸投げして、わが社に顔を出したことなど一度もない。僕と君がこうして仲良くしていることすら知らないんだろう。それじゃ上司失格だよ。

君だっていつも不満を漏らしていたじゃないか。どうせ値引き販売についても無頓着に決まっている。万が一、君の身に何かあった時は、喜んで君をわが社の社員として迎え入れよう。だから心配するな」

　こんなに一生懸命働いているのに、ほとんど声もかけてくれない上司に、私が不満を持っていたのは事実です。上司は売上成績のみ重視する人です。採算については何か言われたことがありません。ですから、売上高が倍になるということなら、値引き率についてとやかく言われないだろう、そう思いました。

　悪いことだとはわかっていました。でも、これまで長い間、孤独にがんばってきたことへの報いだと自分に言い聞かせ、山田社長の提案にのってしまったのです。

残ったローン

　その後、ヘルプライン調査部の調査で次のことが判明した。

　株式会社サン・トラックでは、自動車部品で使用する特殊な部材を仕入れ、自動車部品を製造する工場へ販売している。定価は設定されているが、競合他社があるため、大口の得意先に対しては値引き販売が当たり前になっている。

　その値引き販売に目をつけたヤマウミ・山田社長が、バックリベートと引き換えに値引き率アップを木村に持ちかけたのである。これは木村の告白の通りである。

　山田社長から何回かバックリベートを受け取った木村は、それを頭金にして、子どもの頃からあこがれていたスポーツタイプの高級車をローンで購入した。木村は、突然の収入と高級車の乗り心地に酔いしれた。

　ところが——。

　それから間もなく、ヤマウミが倒産してしまったのである。

　バックリベートが途絶え、ローンの支払に困った木村は、自動車を

売却しようとしたが、買取価格がローンの残債務に見合わない。

困り果てた木村は、自分の得意先であった中川工業の社長に、バックリベートの話を持ちかけたのである。

ヘルプライン調査部の事情聴取の時点で、木村はすでに自己破産を申請していた。木村はすべてを告白し終えた後、大粒の涙を流し床に崩れ落ちた。

木村が受け取ったバックリベートは300万円。

それと引き換えに失ったのは、彼の将来。

その結末に、ヘルプライン調査部のメンバーは皆、口を閉ざしてしまった。

2XXX年8月30日

ヘルプライン調査報告書

井上香織

部署・担当：株式会社サン・トラック　営業部・営業担当
被害総額：バックリベート300万円（不当値引き額600万円）
時　　期：2XXX年3月〜2XXX年6月

事件内容

得意先への不当廉価販売とバックリベートの収受

業務プロセス

売上値引き承認／販売・発注管理プロセス

内部統制上欠けていたポイント

- バックリベートに対する教育や罰則
- 採算（利益率）管理
- 値引きに関するルール
- 値引きに対する責任者による承認・審査
- 職場のコミュニケーション
- 上司による得意先巡回

解説

販売・発注管理プロセスにおけるバックリベートとその防止のための内部統制

　この事件は、ヤマウミが倒産しなければ発覚しなかったかもしれません。

　上司と部下のコミュニケーション不足と安易な値引き承認が、内部統制の欠陥となりました。さらに、上司や待遇への不満があり、心に隙ができたところに、外部からの誘惑が入り込み、不正行為が実行されてしまいました。

　上司が部下とのコミュニケーションを密にし、部下の不満の芽を早期に発見して対策を講じることが、重要な内部統制となります。また、部下の担当する得意先に同行し、顧客対応のOJTを行うというマネジメントも、内部統制強化に貢献します。

1. 得意先からのバックリベート

　値引き、割戻しにかかわる承認ルールの確立が重要です。ただし、承認ルールだけ作って安心してはいけません。値引き承認者は値引き申請書を受け取った場合、値引き理由の妥当性、値引き販売の採算性などについて、営業方針、販売計画、戦略、予算等の各方面から多面的に十分検討して承認を行う必要があります。

☑ 値引き、割戻しの判断については、以下のような具体的な条件ごとに基準を定めておくことが望まれます。
　① 売上数量
　② 売上金額
　③ 売上利益
　④ シェア
　⑤ 地域
　⑥ 新製品、戦略製品

　値引きを隠すために、完成品を試作品として無償提供したり、商品が返品されていないのに、返品されたことにするという手口の不正もあります。

　不正な値引きを防止するためには、売上高のみで業績評価を行わず、担当顧客別の採算性も評価の対象とすることが重要です。採算性を評価するときは、交際費や販売促進費なども売上への対応コストとして集計し、最終獲得利益を把握することで、抜け道を防止します。

2. 仕入先からのバックリベート

　仕入先からバックリベートを受け取るということは、仕入先が必要以上に有利な価格で商品・サービスを購入しているということです。

☑ 必ず、2社以上の業者で相見積り（入札制）を行うことにより、担当者に仕入先や仕入価格の決定権を持たせないようにすることが必要です。

業種により困難な場合もありますが、仕入価格の標準を定め、それを超過する価格での仕入は特別な申請を必要とする統制が有効です。また、損益には影響しませんが、支払条件の変更（支払サイトの短縮化など）も資金繰りの苦しい仕入先にとっては資金融資と同じ結果になりますのでバックリベートの温床になることがあります。見本品の提供や機材などの貸与で仕入先を優遇し、バックリベートを受け取るケースもあります。

☑ 支払条件や貸与資産で仕入先に不要な便宜をはかっていないか確認しましょう。

3. その他のバックリベート

金銭でのリベートを受け取らなくても、会社が取引をしている業者や金融機関などと、社員が個人的に取引を行い、会社は不利な条件で取引し、個人での取引は有利な取引を行うというケースもあります。例えば、会社が仕入を行っている建材業者から、自宅建築に当たり建材を特別に割引してもらい購入するとか、会社が取引している証券会社から個人的に有利な投資案件の紹介を受けるなどというケースでは、どこからが不正でどこまでが不正ではないかがわかりにくいものもあります。

会社が使用している業者と社員は、個人的な取引を行わないこととするなど、会社と社員の利益が相反する取引の取り扱いについても社内ルールを規定してください。

CHECK LIST
バックリベートを防止するためのチェックリスト

1. 「バックリベート」を受け取ることは犯罪行為であることを担当者に教育していますか。 ☐

2. 売上高のみでなく、原価や販売費を控除した利益も営業担当の実績評価対象としていますか。 ☐

3. 取引結果の損益について、社内でオープンに討議していますか。 ☐

4. 値引きには特別な承認が必要になっていますか。 ☐

5. 販売価格、仕入価格、値引き・割戻しの基準を具体的に定めていますか。 ☐

6. 見本品の払出しは特別な承認を必要としていますか。 ☐

7. 取引先への機材等の貸与については、貸与基準を定めていますか。 ☐

8. 取引先への割戻金は、事務部門において一覧表が作成され、社内基準に従って計算されていることを担当者以外の人が検証し、その検証行為を確認した上で取引先と精算されていますか。 ☐

9. 支払条件、入金条件の基準を定め、条件外取引は監視されていますか。 ☐

10. 上司は担当者とともに得意先や仕入先を訪問するなど、担当者とのコミュニケーションやOJTの場をもつ努力をしていますか。 ☐

11. 上司は担当者のモチベーションなど精神的状態を常に把握するよう努力していますか。 ☐

12. 担当者のローテーションを行っていますか。 ☐

13. 必ず、2社以上から見積りを入手させるなど、相見積りの徹底を行っていますか。 ☐

14. 返品処理があった場合、現物が実際に返品されていることを確認する仕組みになっていますか。 ☐

15. 担当者が、会社で取引をしている会社と、私的に取引をしていませんか。 ☐

コミュニケーションと内部統制

「ホウ・レン・ソウ」という言葉があります。組織の円滑な運営において、常に「報告」・「連絡」・「相談」を実施することが重要であるということを示す言葉です。

「ホウ・レン・ソウ」は部下から上司に対して行うものです。しかし、部下の「ホウ・レン・ソウ」が足りない場合、上司も「ホウ・レン・ソウ」を受け入れる体制を作っているかどうかを振り返ってみる必要があります。

コミュニケーション不足は、仕事の効率を下げ、利益なき繁忙を生む元凶ともなります。部下が上司の指示を取り違えて不要な業務を行ってしまうというようなことが起こるためです。

LESSON 3の事例では、内部統制の有効性が社内のコミュニケーションの質と量に左右されるということを学んでいただきました。

発注管理プロセス

不正の二重奏

LESSON 4

POINT
LESSON 4のポイント

　発注管理においては、仕入先の倒産や仕入価格の上昇などのリスクへの対応が必要となります。得意先の与信は十分に評価していても仕入先の与信が後手に回っていることがあります。

　一方、発注担当者は仕入先にとっては「お得意様」となってしまうところにも、リスクが存在します。商売を円滑に行うために、「お得意様」は接待されることもあるでしょう。エスカレートすれば、発注担当者が仕入先を言いなりにさせることも可能となってしまいます。
　そうなれば、仕入れ先を巻き込んだあらゆる不正のリスクが高まります。

　LESSON 4では発注管理プロセスにおける内部統制について学習します。

LESSON 4　不正の二重奏

こちらヘルプライン調査部 事件FILE 4

「不正の二重奏」

派手になった男

「昨日も石井さんに誘われて、銀座に行ったんです。それはもう、目も眩むような高級クラブでして…。私たちサラリーマンには一生縁のないようなお店でした。石井さんは常連のようで、お店の方とも親しそうでした。会計の時に見てしまったんですが、現金で何十万も払っていたんです。現金で、ですよ。考えてみれば、最近着ている服も、急に派手になったように思うんです。

　昨日ご馳走してもらったばかりで、石井さんにはちょっと心苦しいんですが、ヘルプラインの発行している冊子に『周囲に服装が急に派手になった人はいませんか』と記載されていたのを思い出し、お電話しました」

　ザ・サンの子会社の一つに株式会社サン・ビルディングという建設会社がある。今回、サン・ビルディング建設部住宅課の小川公彦から寄せられた電話は、同僚の石井真一の行動が日に日に派手になっている、というものだった。

　ヘルプライン調査部の活躍がザ・サンの傘下企業各社に紹介され、グループ全体の健全経営に貢献していることが認識され始めたせいか、ちょっとした情報でも提供してくれる人が多くなってきた。

「情報提供ありがとうございます。念のため、石井さんを調査してみることにします。私はヘルプライン調査部の井上です」

　香織は小川に、情報の出所は守秘すること、このような情報提供は

ヘルプライン制度にとって大変有意義である旨を伝え電話を切った。

予期せぬ不正

「どう思う、佐渡君。君の古巣は確かサン・ビルディングだったね」
「はい、部長。今回の件については私と井上君にあたらせていただけませんか。まず、石井さんの上司に、石井さんの状況を聞いて、調査の方針を決めたいと思いますが」
「そうだね。それじゃ、その方向で進めてみようか」

　松下部長との協議の結果、香織が石井の上司であるサン・ビルディング建設部住宅課の秋田忠夫課長に直接会って、石井の近況を聞いてみることになった。

　港区高輪の高級住宅地。
　瀟洒な家が立ち並び、ピアノの音がかすかに聞こえてくる。手入れされた芝生の上でレトリーバが、うたた寝をしている。
（いいなあ、こんな家に住みたいな）

　香織が羨望のまなざしで周囲の家々に見とれながら歩いていると、住宅街の一角に建築現場が現れた。サン・ビルディング建設部住宅課が手がけている戸建物件の建築現場である。香織は、建築現場で工事の進捗を監督している男に話しかけた。
「立派な家ですねえ。この工事はいつ完成するんですか？」
「今月中に完成引渡しの予定だが…。ところで、あんた誰？」

LESSON 4　不正の二重奏

「すみません。申し遅れました。ザ・サン ヘルプライン調査部の井上
です。石井真一さんの上司の秋田課長を訪ねてきました。今日は、こ
この現場にいらっしゃると聞いたので…」

　男は日に焼けた顔を向け、ギロリ、と香織を見つめた。

「私が秋田だが…ヘルプライン調査部さんが、何か私に用事かね？」

「失礼しました。実は、いくつかお伺いしたいことがありまして…」

「…」

「あの、秋田課長、住宅課の石…」

　香織が石井のことを尋ねようとした瞬間、秋田がさえぎるようにし
て小声で言った。

「…ここじゃ何だから、高輪の駅前にあるQホテルの喫茶室で話そう」

　そう言うと秋田は香織の歩幅にも、ハイヒールにも配慮することも
なく、大股で歩き始めた。

　Qホテルの喫茶室は、昼下がりのお茶を愉しむ人が数組いるだけで
静かだった。クラシック音楽が、耳障りにならない程度に流れている。
運ばれてきたコーヒーに一口だけ口をつけると、秋田は香織の目線を
かわすようにしてポツポツと話し始めた。

「ヘルプライン調査部の井上さん…と言ったね」

「はい」

「一体、誰からの情報か知らないが、ヘルプライン調査部の耳に入っ
たということは、大体調査が終わっているのだろう。

　そう。君たちが調べた通りだよ。工事別損益は調整しているのさ」

（えっ！　まだ何も話していないのに。工事別損益の調整って何？
私は石井さんの状況を調べたかっただけなのに）

　秋田は、香織の戸惑いなど気にしない様子で話し始めた。香織から
何も具体的な質問すらされていないのにもかかわらず…。

「井上さん、君は知らないかもしれないが、建設部ではね、赤字工事

71

はご法度なんだよ。ところがね、実際に工事が終わってみると赤字になっていることもある。

　だから仕方なく、下請業者にも、たまには損をのんでもらっている。損というか借りだ。赤字になりそうな工事の請求額は少なくしてもらって、次の工事の請求にその分を乗せてもらうということだ。どの工事も赤字にならないように調整している。だけど、別に私のポケットにお金を入れているわけではないんだ。これって不正かい？　」

（えっ?!　とんでもない展開になっちゃった。石井さんの話を聞くだけのつもりだったのに、石井さんの上司が下請業者に圧力をかけてプロジェクト損益の操作をしていたなんて…。瓢箪から駒ってこのことね）

　香織は、予想外の展開に戸惑いつつ、後日詳しい話を聞くことになることを告げ、喫茶室を後にした。椅子から立ち上がろうとしない秋田を残し。

おかしな発注書

「井上君、偶然、といっては失礼だが、別の不正が発見できたね。ご苦労様」

「部長、瓢箪から駒なんです！　勝手に自白が始まったときは、びっくりしました」

「ヘルプライン調査部ではそういうことはよくあるんだよ。調査部メンバーが来たというだけで、自分の不正がばれたと思い、自白するケースだ。ヘルプライン調査部の存在そのものが内部統制になっている証拠さ」

「さて、今後の調査だが、秋田課長に対する調査、石井氏に関する調査、この2件とも佐渡君と井上君に引き続きやってもらおう」

　協議の結果、まず佐渡が秋田課長への再調査を行うこととなった。すでに香織へ自白をした秋田課長は、佐渡の調査に全面的に協力した。

秋田課長から、損益調整の詳細を記録したメモ帳を受け取った佐渡は、これまでゆがめられていた工事の「正しい」工事別損益計算書を作成していった。すると、その工事別損益計算書からは石井が担当した工事に不自然な点が多いことも判明した。

　佐渡は、出来上がった工事別損益計算書と発注書をひとつひとつ照合していった。

「井上君、この発注書の変なところ、わかるかい？」

　佐渡に渡された1枚の発注書を香織は眺め始めた。

「ふーん。1戸の住宅に表玄関の扉が2セット、これって必要ですかねえ？　あれ、平屋なのに階段って必要ないんじゃないですか?!」

　石井が建材業者へ発注した注文書は、素人の香織が見てもおかしな内容のものばかりだった。秋田課長に内容を尋ねても首をひねるばかりで明確な回答がない。秋田課長は工事損益を黒字に見せかけるための工作に熱中しており、肝心の工事内容の管理は怠っていたのである。

　佐渡がかつての現場経験も活かしながら、石井を追及したところ、建築現場に不必要な建材を仕入れ、知り合いの建築会社に建材を横流しし、代金を着服していたという事実が判明した。石井は、工事現場に直納される建材については、発注後の在庫管理が行われていないことを知っていた。その内部統制の欠陥をついた不正が行われてしまったのである。

　こうして、複数の不正がからみ合った複雑な事件は、佐渡と香織の絶妙なチームワークにより、全容解明に至った。

（倫理観の欠如って部下に伝染するのね。しかも、それはどんどん大きくなって…）

2XXX年9月26日

ヘルプライン調査報告書（その1）

井上香織

部 署 ・ 担 当：株式会社サン・ビルディング　建設部住宅課・課長
粉飾／被害総額：6,000万円
時　　　　期：2XXX年4月〜2XXX年8月

事件内容

工事別損益の粉飾
下請業者との貸し借り取引

業務プロセス

業者契約・支払／発注管理プロセス

内部統制上欠けていたポイント

- 見積予算と実績の差異分析
- 工事別損益計算書の部内共有
- 工事の進捗管理や追加工事発注管理
- 工事別損益計算書と発注書等の照合
- 得意先への請求と仕入先への発注の照合
- 正しい月次報告の教育
- 職場のコミュニケーション

2XXX年9月26日

ヘルプライン調査報告書（その2）

佐渡章、井上香織

部 署 ・ 担 当：株式会社サン・ビルディング　建設部住宅課・課員
粉飾／被害総額：1,000万円
時　　　　　期：2XXX年6月～2XXX年8月

事件内容

建材の横流し（不正発注と横領）

業務プロセス

材料発注・納品物検品／発注管理プロセス

内部統制上欠けていたポイント

- 倫理教育
- 予算管理
- 上司による損益管理・分析
- 上司による発注書の内容確認
- 発注書と納品書の照合
- 得意先への請求と仕入先への発注の照合
- 職場のコミュニケーション

販売管理プロセス

外注管理プロセス

販売・発注管理プロセス

発注管理プロセス

経理業務プロセス

現金・預金管理プロセス

経費管理プロセス

資産管理プロセス

情報管理プロセス

解説

発注管理プロセスにおけるリスクとその軽減・回避のための内部統制

　この事例では発注管理プロセスにおける2つの形態の不正を取り上げています。

　1つは課長の行っていた工事別損益の粉飾です。このように下請業者に依頼して赤字プロジェクトを隠ぺいする操作は工事業者などでよく見受けられます。この例のように、**金銭不祥事を伴わない粉飾行為は、不正を行っているという罪悪感を持たずに行われている**こともあります。

　たとえ、プロジェクト間の損益の付け替えや月次間での操作であっても、それは「粉飾」という不正行為であるという**社内教育**が必要です。

　もう1つは、商品、部材などの「横流し不正」を取り上げています。この例のように**在庫管理をしていない資産の横流しの発見は難しい**ものです。

　「横流し不正」についてはLESSON 8でも解説します。

　このような不正を防止するためには、現場を管理する管理職が**発注内容の妥当性を確認し、不正な発注を牽制する**ことが、重要です。

1. 発注管理プロセスにおける特有のリスク

　発注管理プロセスにおいて基本のリスクは仕入ができなくなるリスクです。その原因は、
　　・仕入先の倒産
　　・仕入先での製造中止
　　・価格の上昇
　などがあります。
　よって、

☑ 仕入先も与信管理が必要です。

　製造中止は特に旧製品の部品などにおいてよく見られます。消費者に対し、商品の最終責任を持っている販売会社は旧製品だからといって、修理や交換に応じないわけにはいきません。そのため、仕入先で製造中止になる場合は、アフターフォロー用の部品を一括購入しておく必要もあるでしょう。一方、これは在庫の増加（＝資金効率の悪化）につながりますので、別の意味でのリスクとなります。

☑ 商品計画の際は在庫リスクに関しても十分に配慮して、計画を立てる必要があります。

　価格の上昇は仕入先との需給バランスが崩れると発生します。

☑ 自社の競合他社とのシェア率、仕入先の競合他社と仕入先のシェア率などを客観的に観察し、常に仕入価格上昇のリスクを評価する必要があります。

また、輸入仕入であれば、

> ☑ 為替変動のリスクや、輸入規制など政府の方針変更にかかわるリスク、関税にかかわる法律改正のリスクも評価する必要があります。

その他に、仕入先が不正行為を行うリスクや仕入商品の品質悪化に伴うリスクもあります。仕入商品は自社商品の一部、または全部を構成するわけですから、自社のブランドにとって、仕入先の不法行為や不十分な管理体制は他人事ではありません。

> ☑ 仕入先の内部管理体制や、企業理念、経営者の人間像などの確認も必要です。

また、発注管理プロセスは、意思決定が担当部署で行われ、支払は取引先から到来した請求書に基づき経理などの別部署で行われることが多いため、以下のように複雑な業務フローとなります。
①見積書入手⇒②発注（契約）⇒③納品⇒④検収⇒⑤請求書到来⇒⑥支払
この業務フローに沿った、漏れのない統制が必要となります。

> ☑ 取引が開始される前に必ず見積書を入手しましょう。

適切な価額での取引成立のため、また、取引先との癒着を防止するためにも相見積もりが必要です。

> ☑ 見積もり内容については責任者が内容を検証し、発注承認を行います。

見積もり検討のプロセスは担当部署で完結します。見積書と契約書や発注書の内容確認は担当部署で必ず行うようにしましょう。

☑ 見積書と契約の内容は照合しましょう。

発注書で発注した内容が納品されていることを確認するのが「検収」です。

☑ すべての発注について発注書と納品書を照合しましょう。

請求書が到来したら、発注書を承認した担当部署の責任者が請求書を確認したうえで支払担当部署へ請求書を回覧します。

発注と支払が同じ担当者で行われれば牽制が効きません。発注と支払の分掌体制を作りましょう。

ワークフローシステムで統制が構築されることが一般的ですがITシステムを使えば万全というわけではありません。上記ポイントが統制されていることを確認してください。

2. 発注管理プロセスにおける不正リスク

（1）仕入額を実際よりも小さく計上することにより、利益を大きく見せる粉飾

販売プロセスにおける粉飾と同じく、最悪の場合は会社ぐるみで行われるケースもあります。現場で行われる粉飾の多くは、担当業務の成績を実際よりもよく見せる目的で行われます。仕入額を実際よりも小さく見せるといっても、仕入先には支払わないわけにはいきませんので、事例のようにプロジェクト間で貸し借り操作を行うという手段がとられることになります。

☑ 赤字プロジェクトを発生させないよう、事前に損益計画を
　練ることが、根本的な防止手段となります。

「とりあえず急ぎの工事だから、とりかかってくれないか」な
どと、正式な手続を踏まずに取引を始めてしまったがために、予
測していなかった赤字が発生するという事態をよく見かけます。
契約書の締結を省き、見積書のみで済ませてしまうような簡便処
理を認めてしまうと、結局、利益なき繁忙に振り回されるという
ことになってしまいます。
　追加工事など、途中で変更があった場合は、取引先との文書で
の確認がいい加減になりがちです。
　工程の途中での変更のために、終わってみたら赤字だったとい
うようなことがないように、

☑ 契約変更についても適時に契約文書を取り交わしましょう。

☑ 契約変更時も、全体の見込み損益の確認をしましょう。

　また、この手の不正はプロジェクト別損益を粉飾するために行
われますから、プロジェクト別損益計算書の中身（売上と費用の
対応状況）を直属の上司が分析することが最も有効な発見手段と
なります。

☑ 売上のあるところに費用があるか、費用があるなら売上が
　あるか、という視点で費用の網羅性を検証するようにして
　ください。

80

（2）架空・過大仕入

　架空または過大な仕入に対し会社が支払を行うように仕組み、差額を着服する、または、仕入先からバックリベートを受け取る方法によって不正が実行されます。原価操作による不正は販売費・一般管理費操作による不正に比べ、金額が多額になることが多く、会社に大きな損害をもたらします。

　留意点についてはLESSON 3の解説を参考にしてください。

CHECK LIST
発注管理プロセスチェックリスト

1. 仕入計画について部署内で方針を定め、在庫リスクに関しても留意していますか。 ☐

2. 仕入先の与信管理を行っていますか。 ☐

3. 仕入先の企業理念や内部管理体制についても情報を入手し、評価していますか。 ☐

4. 市場の需給バランスを常に観察していますか。 ☐

5. 輸入においては為替リスクや税務リスク、輸入規制にかかわるリスクを配慮していますか。 ☐

6. 発注と支払は別の人が担当していますか。 ☐

7. 取引が開始される前に、必ず見積書を入手していますか。 ☐

8. 見積り内容については責任者が内容を検証し、承認を行っていますか。 ☐

9. 見積書と実際の契約内容を照合していますか。 ☐

10. 契約書、発注書、作業報告書、検収書など、取引関係の書類を漏れなく適時に作成または入手していますか。 ☐

11. すべての発注について、発注書と納品物を照合していますか。 ☐

12. すべての請求書は発注内容及び納品内容と照合された上で支払処理に回されていますか。 ☐

13. 支払は担当部署の責任者が内容を検証していることを確認した上で、支払担当が行っていますか。 ☐

14. 支払は所定の支払サイトにて行っていますか。 ☐

15. プロジェクト別損益についてはチームメンバー全員に共有し、費用対収益を確認していますか。 ☐

内部統制の限界と対策

　権限の集中する管理職には内部統制が働かないことがあります。万能に見える内部統制にも限界があるのです。

　そこで、管理者は、自らをも牽制する意識を持つ必要があります。そのために有効な対策は、日頃からチーム内でチームの担当損益を透明化することだと考えます。

　不正な会計で部外者は騙せても、現場のチームを欺くことは難しいからです。

　粉飾は「事態の先送り」でしかありません。必ず、後でその人の首を絞めることになります。

　それだけではありません。隠すこと、すなわち粉飾をすることは、悪い情報を経営者に報告せず、経営意思決定を誤らせることにもつながります。自己保身のために会社の業績が悪化すれば、大勢の仲間を道連れにすることにもなるのです。

経理業務プロセス

粉飾はアリ地獄

LESSON 5

POINT
LESSON 5のポイント

　会社における取引の実態や経営の成果を、「金額」という貨幣単位で会計基準に従い「決算書」という文書へまとめ上げるのが経理の仕事です。
　同じ単位で、かつ統一ルールで作成された決算書は、会社の状況を客観的に把握するのに大変重宝します。

　しかしその決算書に偽りがあったらどうでしょうか。
　その決算書を信じた投資家や銀行を欺くことになってしまいます。
　それは信じた人への裏切りです。

　LESSON 5では経理業務プロセスにおける内部統制について学習します。

LESSON 5　粉飾はアリ地獄

こちらヘルプライン調査部 事件FILE 5

「粉飾はアリ地獄」

経理部長からの通報

「はい、もしもしこちらヘルプライン調査部です」
　香織の明るく元気な声がヘルプライン調査部に響き渡る。
「はい、え？　サン・ソフトの？若宮さん…あ、経理部長さん、ですか？どうしましたか？お電話で話しにくいようでしたら、今からそちらへ伺います。あ、はい、来ていただくのでももちろん大丈夫です。お待ちしています」
　電話の主は、ITソフトウエアを開発販売するサン・ソフト社の経理部長の若宮繁三だった。サン・ソフト社は5年前にソフトクリエイトというベンチャー企業をザ・サングループが買収し、子会社とした会社だ。同社では、社長も経理部長も創業時のメンバーが引き続き活躍していると聞いている。成長企業で業績も良い。
　なのに、なぜだろう。若宮部長の声はひどく沈んでいた。今日はあいにく、松下部長も佐渡も出張中だ。
（経理の難しい話だったらどうしよう）
　不安はよぎったが、若宮を待っている間にできるだけの準備をしよう、と思い返し、サン・ソフト社の決算書を5期分印刷して眺めはじめた。
　この5年間、サン・ソフト社の売上は順調に伸びている。
　きれいな右肩あがりだ。損益計算書からは何の問題もない会社に見える。

貸借対照表の資産額も負債を十分上回っており、もちろんのこと債務超過ではない。こちらも問題がないように感じられた。

まさかの経理実態

　サン・ソフト社の組織図や会社概要なども探し出したその時、若宮が現れた。
　重たそうな大型のバッグを持っている。旅行カバンだろうか。
「お待ちしていました。こちらにどうぞ」
　香織は用意していた温かいお茶を差し出しながら、若宮の様子をうかがった。
　始終うつむきがちの若宮の表情は暗い。きっちりと締めたベルトで妙にしわが寄ったズボンが印象的だ。
「本社のどこに連絡をしようかと迷っていたのですが、迷ってばかりで時間が過ぎてしまいました。もうどうしたらいいか本当にわからなくなっていたのですが、昨日の社内報にヘルプライン調査部の記事が出ていましたよね、あれをみて『そうだ、ここへ相談しよう』と思ったんです。ヘルプライン調査部の活躍は、よく耳にしていたもので」
「そうですか。ご連絡いただき、ありがとうございます。では早速、ご相談内容を伺いましょう」
　香織は優しく微笑んだ。いくつかの事件と格闘してきた実績からか、その表情にはわずかながら貫禄も感じられるようになってきた。

若宮は少しほっとした表情を見せ、話し始めた。

「最初は1回限りのつもりでした。まだソフトクリエイトだった6年前の4月初旬のことです。いつものように年次決算書が出来上がり、社長へ数値を報告しました。その年は、3月に予定されていたK社との大口の取引が4月にずれ込んでしまい、おかげで前年割れのひどい決算となっていました。もちろん、予算も未達成です。しかし、翌年初めには予定通りの売上が計上されるし、一時的な悪化なので、そんな決算でも社長もOKするとたかをくくっていたのです。その推測は完全に外れました」

「私は、ソフトクリエイト社を売却する計画があったことを知らなかったのです。当時、わが社は創業時に開発した製品がヒットしたおかげで毎期増収増益を続けていました。しかし、取引が増加すればするほど当座の運転資金が必要となり、社長の個人資金で賄っていたのですが、その個人資金も底をついていたのです」

「資金力のあるザ・サングループへ会社を売却する決断をしたという話は、その時、初めて社長から知らされました。今期の決算が大きく狂うと、ザ・サングループに会社を買ってもらえなくなるかもしれない、そうなると会社の将来はなくなる、という深刻な事態に直面していたのです」

「粉飾の手口は社長の発案でした。発案といいますか、『業界ではよくある方法で、粉飾ではなく金融だ』という説明でした。社長の話を聞く限り、粉飾だとは思ったのですが、一時的なことだし、ここで会社がつぶれてしまうよりは、と良心の声に耳をふさいで決算書の修正を行いました」

粉飾のからくり

若宮の話はこうだ。

翌期である4月にずれてしまったK社への売上は2億円だった。この

売上を当期の3月に計上すれば、予定通りの決算書を作成できる。しかし、実際と異なる経理処理をすれば、K社が発行するソフトウエア検収書の日付と差異が出てしまい、監査や税務調査で簡単にばれてしまうことになる。そこで、全く別の取引先A社（創業当初から社長が懇意にしており諸々の融通が利きやすい会社）へ同額のソフトを販売したことにして売上を計上し、予定通りの決算書を作成した。

　自然な取引に見せかけるため、A社はさらにA社が懇意にしているB社へそのソフトを販売し、ソフトクリエイトはB社からそのソフトを買い戻すという手法がとられた。俗にいう「循環取引」だ。

　A社はソフトクリエイト社へ実際に売上代金を振り込み、ソフトクリエイト社は実際にB社へ仕入代金を振り込む。契約書や検収書も作成され、実際のお金の動きも伴うので自然な取引に見える。

　一時的ではあれ実際に資金も払い込むので、A社・B社へは金利見合いの手数料を払わなければならない。そのため、A社へ2億円で売ったソフトは2億2千万円となってソフトクリエイト社の貸借対照表の商品勘定へ戻ってくることとなった。増加した2千万のうち1千万円はA社へ支払われた手数料。もう1千万円はB社へ支払われた手数料だ。「翌期中の適当なタイミングで不適切な商品残高は売上原価へ振り替え、何事もなかったように繕うつもりでした。が、そのタイミングは結局来なかったのです」

「翌年、会社売却は実現し、当社はザ・サン傘下に入りました。ザ・サンの信用のおかげもあり、銀行から多額の融資も受けられ、資金繰りの心配はなくなりました。」

「が、いまから思えば、すでにその頃から経営に無理が生じていたのです。小口の継続的な取引から、いつの間にか、大口のスポット取引中心の会社に変わってしまっていました。大口の取引は成立すれば損益への貢献は大きいのですが、安定的な経営ができなくなってしまったのです」

「何事もなかったように決算書を繕うタイミングは来なかったどころか、翌期もまた、同じ手口での不正な処理をせざるを得なくなり、ついにこの手口での売上計上が常態化しました」

「嘘を隠すために嘘を繰り返す。そんな状態から、どうにもこうにも抜けられなくなってしまいました。まさにアリ地獄です」

「当社の実態は、損益計算書に計上された経営成績とどんどんかけ離れていきました。貸借対照表も同じです。貸借対照表には実在しない商品が多額に計上されています」

　若宮は持参した大きなバックから何冊もの帳簿を出した。

「これは不正な取引を記録している裏帳簿です」

「今ではこのような取引先が10社以上に増え、裏帳簿の経理に追われている状況で…。この帳簿作業に没頭している時は、むしろ嫌なことを忘れられるような気えさえしていました」

　ところが、不正取引が溜まりに溜まり、手数料見合いで失った資金は3億円近くにもなり、潤沢だった資金も底をついたというのだ。このままでは今月の社員給与が支払えない、という状態に陥り、せっぱつまった若宮がこうしてヘルプライン調査部を訪れたのである。

　若宮は自らの犯してしまった罪を認識し、深く反省していた。

　もちろん、今後の調査にも全面的に協力してくれるだろう。

　なぜ、こんなに真面目で誠実そうな人が、こんなことになるまで不正の片棒を担ぎ続けてしまったのか。

（アリ地獄…）

　香織の胸にその言葉がこだました。

2XXX年11月5日

ヘルプライン調査報告書

井上香織

部署・担当：株式会社サン・ソフト　経理部 経理部長
被 害 総 額：2億8,000万円
時　　　期：2XXX年4月～2XXX年10月

事件内容

循環取引による粉飾決算

業務プロセス

経理業務プロセス

内部統制上欠けていたポイント

- 子会社経理処理手順の確認
- 子会社決算の経営分析
- 決算処理における作業者と承認者の分業
- ソフトウエア会計に対してのリスク把握
- 買収した会社の統制評価
- 子会社とのコミュニケーション

解説

経理業務プロセスにおける特有のリスクとその軽減・回避のための内部統制

この事例では子会社の粉飾決算を取り上げました。

子会社に対しての管理不足、ソフトウエア会計というリスクの高い会計処理分野に対してのリスク把握不足により、内部統制が不足し、不正行為の発覚が遅れ、被害が増大してしまいました。

粉飾決算で経営課題の根本解決をはかれるわけではなく、それどころか、粉飾決算は一度足を踏み入れると抜け出ることのできないアリ地獄のようなものだということを学んでいただけたでしょうか。

このケースのように子会社経理であれば、親会社による子会社決算分析を徹底すれば、異常を早期に発見することが可能となります。親会社の経理部の関与も重要ですが、親会社に関連ビジネスを行っている部署があれば、その部署が子会社の経営管理にあたることで、より効果的な統制が可能となります。

1. 経理業務プロセスにおける特有のリスク

経理処理におけるミスのことを専門用語で「誤謬」と呼び、意図的な不正処理と区別します。

誤謬は以下のようなことから生じます。

① 経理処理の基礎となるデータの処理上の誤り

② 「会計上の見積もり」の誤り

③ 会計方針の適用の誤り

④ 表示方法の誤り

⑤ 経理システムの誤作動やシステムの誤使用

　連結決算や海外取引など難しい経理処理を行う場合に誤謬が起きやすくなります。

　また、決算期日などの制限から経理処理に使える時間が不足する場合も、誤謬が起きやすくなります。

　現預金の入出金を伴う取引に係る会計仕訳は、誤謬があったとしてもいずれ現預金の残高が合わなくなることで誤謬が発見されます。

　しかし、この事例のように、ソフトウエアは目で数えることができる「形のある在庫」がないので、実物の管理が伴わず、誤謬が発見されにくくなります。

　また、引当金計上や減損処理など見積もりによる会計処理（これらを「会計上の見積もり」といいます）には恣意性が入りやすく、誤謬のリスクが高くなります。

☑ 経理処理の手順書を作成し、ミスを防止しましょう。

☑ 実物管理が伴わない会計処理は、誤謬のリスクが高いと考えましょう。

☑ 誤謬リスクの高い会計処理には、セルフチェックリストも整備しましょう。

☑ 難しい経理処理は経理スキルの高い人が担当するようにしましょう。

　ただし属人化しないよう、この場合もダブルチェック体制は必要です。

　ダブルチェックには、経理処理ルールとチェック要点の文書化が有用です。

☑ 誤謬リスクの高い経理処理に十分な時間を使えるよう、作業スケジュールを組みましょう。

　どのような経理処理に誤謬のリスクが高いかを知ることで、経理部内の役割分担やスケジュールに反映させることができます。

　経理のスケジュールがタイトになる原因として、経理処理すべき情報の伝達が遅延し、処理時間が圧迫されるということが多いようです。

☑ 現場に対しても経理部への経理情報伝達期日の厳守を徹底しましょう。

☑ 連結決算において子会社から親会社への報告期日の厳守を徹底しましょう。

　経理処理のために使用しているシステムのバグや設定ミスにより会計処理を間違えてしまうリスクもあります。

☑ 信頼性の高いシステムを正しい手順で使用しましょう。

表計算ソフトは誰でも簡単に使える反面、計算式などに不備も生じやすくなります。属人的になりやすい表計算ソフトを経理処理に使用することは控えましょう。

2. 経理業務プロセスにおける不正リスク

（1）粉飾

経理処理を故意に偽ることを粉飾といいます。悪意のない誤謬とは異なり、粉飾は犯罪です。ではなぜ粉飾決算が行われてしまうのでしょうか。

粉飾決算の動機には以下のようなものがあります。

① 株価を維持し投資家からの非難を回避するため

② 銀行から融資を受けるため

③ 上司や親会社からの厳しいノルマを達成するため

日本では、「会社のために」との思いから粉飾してしまうケースが多いと言われます。

そのため、不正の意識も持ちにくく、歯止めがききにくくなります。

また「今期だけのつじつま合わせ。来期はちゃんと元に戻せば誰にもばれることはない」という比較的軽い気持ちで始められてしまうケースが多いようです。

しかし、粉飾は一度手を出すと二度とやめることができない麻薬のようなものなのです。

中毒にならないように事前のリスク回避が必要です。

LESSON 5　粉飾はアリ地獄

☑「粉飾は麻薬。絶対に近づいてはいけない」という認識を、
　経営者と経理担当者がしっかりと持つようにしましょう。

☑ 厳しすぎるノルマ管理を行っていませんか。

厳しすぎるノルマは粉飾の動機※に繋がります。

☑「会計上の見積もり」は意図的に不正な処理を行いやすい
　ことを知っておきましょう。

※不正のトライアングル
　米国の犯罪学者であるD.R.クレッシーは不正行為実行の心理を「不
　正のトライアングル」という理論で説明しています。この理論では、
　不正行為は、①動機、②機会、③正当化という3つの不正リスクが
　すべてそろった時に生起すると考えられています。
　厳しすぎるノルマを課すことは、この3つのリスクのうち①の動機
　（不正を行う理由）に繋がり、不正リスクが高まります。同じように、
　機会（不正を行うことのできる環境）や正当化（不正を正当化でき
　る理由があること）も不正リスクを増大させます。

（2）着服（使い込み）

　経理業務プロセスにおける着服は、経理部における業務分担に
よる相互牽制が整備されていない場合に起こります。
　経理業務は1人の人に任せることなくできるだけ複数の人によ
る分業を行うことで不正は防止できます。

☑ 特に責任者クラスの人が1人で完結できる経理業務がない
　ようにしましょう。

倫理観の高い経理担当が着服を行うようなことはないだろうと高をくくってはいけません。残念なことですが、経理担当による着服も驚くほど多いことを知っておきましょう。

　経理処理における誤謬や不正は、必ず決算書や試算表のどこかにゆがみを生じさせることになります。
　そのため、

☑ 決算書の分析はこれらの事象を発見するのに最も有効な手段となります。

☑ 数字の分析から異常を発見する方法にも手順書を作成しましょう。

☑ 処理ミス実績を反映して、分析方法を適時改善しましょう。

　経営数値の分析は管理会計でも行われています。担当部署で行われている管理会計の分析資料を経理プロセスでの異常発見のために活用することで、より有効な分析が可能となります。

☑ 少しでも数値に異常があったら、担当部署に遠慮なくヒアリングしましょう。

　この事例では子会社の粉飾決算を取り上げましたが、親会社自身の、しかもトップマネジメントの指示による粉飾決算を阻止できる究極の統制組織は、取締役会となります。

☑ 取締役会の経営監視機能が有効に機能している必要があります。

☑ 正義感や倫理観の不足した人が社長にならないような幹部教育を充実させましょう。

CHECK LIST
経理業務プロセスチェックリスト

1.	経理処理の手順書を作成しミスを防止していますか。	☐
2.	「会計上の見積もり」に恣意性が入りにくくなるよう、見積もり方針や手順が明確に定められていますか。	☐
3.	実物管理が伴わない会計処理は誤謬や不正のリスクが高いと認識していますか。	☐
4.	誤謬リスクの高い会計処理にはセルフチェックリストが整備されていますか。	☐
5.	難易度の高い会計処理は経理スキルの高い人が担当していますか。	☐
6.	経理処理に表計算ソフトを多用していませんか。	☐
7.	経理処理のスケジュールに余裕はありますか。	☐
8.	経理に必要な情報は遅滞なく経理部に伝達されるルールがあり、報告期日は守られていますか。	☐
9.	経理部には経理スキルのある人材が必要十分に配置されていますか。	☐
10.	経営者や経理部は、粉飾は麻薬のように一度手を出すとやめられないものという認識をもっていますか。	☐
11.	厳しすぎる成績ノルマが現場に課せられていませんか。	☐
12.	経理責任者は正しい経理を行うことへ強い心構えを持っていますか。	☐
13.	決算書の分析で異常を発見するための手順書はありますか。	☐
14.	経理課長などの責任者が1人で担当している経理処理はありませんか。	☐
15.	取締役会はトップマネジメントの粉飾を阻止できる機能を有していますか。	☐

ITシステムと内部統制

　現代においては、作業の多くをITシステムに依存していると言っていいでしょう。

　承認者でなければ承認できない機能、たて計とよこ計が異なっていれば確定できない機能など、あらゆる内部統制がITシステムにも組み込まれています。同じ商品であれば登録されたマスタ単価で計算させるマスタ機能がある場合、マスタ管理が重要となります。

　特に経理処理はデータ処理作業が多いため、ITシステムにおける内部統制がどのように組み込まれどのように機能しているか、システム運用上のどこにリスクがあるか把握しておくことが重要となります。

　「働き方改革」の時代です。ITシステムにおける内部統制や、ITシステムを有効活用するための内部統制も勉強しましょう。

現金・預金管理プロセス

性善説と金銭不祥事

LESSON 6

POINT
LESSON 6のポイント

　現金や預金は企業にとって血液のようなものです。

　すべての取引はキャッシュの増加または減少につながっていますので、現金・預金管理は内部統制の要とも言えます。そんな重要なプロセスであるにもかかわらず、部下を疑うようなことはしたくない、と管理が手薄になっているケースをよく見かけます。

　お金に困っているとき、目の前に現金があり、誰にも監視されていなければ、「少しの間、拝借したい」と思う気持ちは起こって当たり前、と考えてください。犯罪者をつくらないためにも、しっかりと「内部統制」を機能させましょう。

　LESSON 6では現金・預金管理プロセスにおける内部統制を学習します。

こちらヘルプライン調査部 事件FILE 6

「性善説と金銭不祥事」

嫌な予感

　2XXX年12月のある日――。

　昼食を終えた井上香織は、自分のデスクに戻り、忙しすぎる毎日を振り返っていた。

　このところ来る日も来る日も仕事に追われていて、あれほど大好きだったショッピングもご無沙汰しているし、観たかったロードショーも見逃してしまった。

（お給料を使う暇がないと貯金がたまるのは嬉しいけど、ストレスもたまっちゃうなあ。神さま～！　私に買い物や映画を観に行く時間と素敵なボーイフレンドをお恵みくださいませ!!）

　そこへ、昼食を終えた入社3年目の若手社員・岡本誠が帰ってきた。手には何やらコンビニエンスストアの袋を下げている。おそらく昼食からの帰り道に寄ったのだろう。

「見て、見て、井上さん、今、会社のそばのコンビニに寄ったんだけど、ほら、これ！」

「どうしたんですか、そんなにたくさんジュースを買い込んで」

「違う、違う、ジュースの方じゃなくて、このおまけの方。子どもの頃に観た怪獣映画に登場するキャラクターのフィギュアなんだ。今日からジュースのおまけに付き始めたみたいでさ、僕ぐらいの年の人が並んで何本も買ってたよ」

　香織は、少年のように興奮している岡本を見てほおがゆるんだ。

「何が入っているかわからないのがいいんだよね。ついつい何度も買っちゃうんだよねえ」

　そう言った岡本は嬉々としておまけの入った袋を開け始めた。

「岡本さん、ほどほどが肝心ですよ。あんまりのめり込まない方がいいんじゃないですか。給料日前になってお金がなくなっても知りませんよ」

　さっきまで「買い物がしたい‼」と思っていた自分のことを棚に上げて、香織は姉のような口調で岡本をたしなめた。

　と、その時、香織のデスクの電話が鳴った。

「はい、もしもし、ヘルプライン調査部・井上です」

「……」

「もしもし、もしもし、少し声が遠いようですが……」

　かすかに女性の声が聞こえたような気がしたが、こちらからの問いかけに何の反応もなく、プツリと電話は切れた。

　嫌な予感がした。

　が、ストレスが溜まっていたことで、少しマイナス思考に陥りがちだったのだと考え直した。そして気分を変えて、午前中から取り組んでいた調査報告書の作成を始めた。

　しかし、翌日、香織の予感が的中してしまうことになる。

告白

「サン・トラック経理部の大島順子です。一晩考えた結果、やはりお話しすることにしました」

　突然、ヘルプライン調査部を訪れた女性は、搾り出すような声で切り出した。長い髪が似合う清楚な感じの女性である。

　昨日電話をかけてきた女性に違いない。

　香織は会議用のブースへ順子を案内した。

　椅子に座った順子は、うつむいたまま、肩を小刻みに震わせている。

暖房が入っているとはいえ、12月のヘルプライン調査部は少し寒い。

香織は、温かなミルクティーを順子に差し出した。順子はティーカップに一口だけ口をつけた。

長い沈黙が続いた。すくなくとも香織にはとてつもなく長い時間に感じた。

ようやく顔をあげた順子がぽつぽつと話し始めた。

「彼にふられた寂しさから逃れたかったんです。

私は…私は、彼が大好きでした…。そして、彼を信じていました。

でも…彼には他の女性がいたんです。資産家のご令嬢だそうで、既に結婚の約束をしていると打ち明けられました。

あまりのショックで、感情が麻痺してしまいました。でも、買い物をすると、不思議と力がみなぎってくるんです。これまで買ったこともないようなブランド品のバッグや洋服を買いあさりました。

買い物を続けているうちに、次第に貯金もなくなってしまいました。それでもまだ買い物が止められなかったんです。払えなくなると分かっていながら、クレジットカードで買い物を続けました。使いもしないのに…。

部屋中、包みも開けていないブランド品が散乱しています」

香織は黙って順子の話を聞いていた。

「…もしかすると、最初から私の頭のどこかには、会社のお金を当てにしていたところがあったのかもしれません。何百万円もの小口現金を預かって、社員の経費精算業務を担当していましたから…」

順子の様子が少し落ち着いてきたので、香織は質問をした。

「小口現金を預かっているといっても、自由には使えませんよね？」

「私の上司の榊原課長は、私をとても信頼してくれているんです。だから、現金残高の確認はまったくなさいません。小口現金はいつでも自由に使える状態でした。」

「私はそれをいいことにして…。榊原課長の信頼を裏切ってしまったのです」

順子の瞳から大粒の涙が流れた。後は言葉が続かなかった。

香織は、順子にハンカチを差し出し「ちょっと休みましょう」と声をかけた。

香織は、窓のブラインドを開けた。冬空が広がっている。寒いと思ったらとうとう雪が降り始めたようだ。

（ストレスから買い物をし続けてしまう人がいるって聞いたことがあるわ。だけど、こうして会社のお金にまで手をつけて買い物をしてしまった人を目の前にするとは、まさか思ってもいなかった）

香織は、順子にどのように言葉をかけようか考えながら、窓の外に舞う雪を見つめていた。

2XXX年12月13日

ヘルプライン調査報告書

井上香織

部署・担当：株式会社サン・トラック　経理部・出納担当者
被 害 総 額：200万円
時　　　期：2XXX年10月～2XXX年12月

事件内容

小口現金着服

業務プロセス

小口現金管理／現金・預金管理プロセス

内部統制上欠けていたポイント

- 第三者による日次の現金実査
- 現金出納帳と現金残高の照合
- 小口現金残高を必要最低限とする管理
- マネージャーによる残高管理
- 振込による経費決済
- 現金管理担当のローテーション
- 職場のコミュニケーション

解説

現金・預金管理プロセスにおけるリスクとその軽減・回避のための内部統制

　この事例では、小口現金が恒常的に多額になっていました。これは、社員の経費立替や仮払いを常時小口現金で精算していたためです。

　社員の経費立替、仮払いは振込で精算することにより業務が効率化し、かつ小口現金の多額な保管も必要がなくなります。小口現金の保管残高をできる限り少なくすることは、不正や盗難、紛失のリスクを軽減し、業務効率を上昇させることになります。

1. 現金・預金管理プロセスにおける特有のリスク

　会社が保有する現金・預金は多ければ多いほどいいと考えがちですが、実はそうでもありません。会社は預金をするために投資家から資金を集めているわけではないからです。過大な余剰資金があるということは、有効な投資ができていない（＝経営戦略がない）ということであり、短期的には問題ありませんが、長期的には、付加価値を創出することができず、企業価値を低下させるリスクともなります。

　資産の保全の観点からは、インフレにより貨幣価値が低下するリスクがあります。外貨の場合は為替リスクも並存します。また、預金にはペイオフで保護基準を超えるリスクもあります。

110

LESSON 6　性善説と金銭不祥事

2. 現金・預金管理プロセスにおける不正リスク

　現金・預金の不正を防止するために欠かせないのが現金実査です。

☑ 現金は毎日実査しましょう。

☑ 多額の小口現金を金庫に保管しないようにしましょう。

　銀行への往復が面倒であることなどの理由により、手提げ金庫に多額の小口現金を保管しているケースが見受けられます。不正の温床となるばかりでなく、毎日の現金実査にも手数がかかり、出納事務も煩雑になるなど業務効率上も望ましくありません。盗難のリスクも増大します。経費精算はできるだけ振込で処理するなど、小口現金が少なくてもすむような仕組みを工夫しましょう。

☑ 有価証券や受取手形など換金性の高い資産の実査は、現
　 金・預金の実査と同時に行います。

　別の日に行えば、そのタイムラグを利用して、換金し、現金・預金の穴埋めが可能となるためです。

☑ 預金については預金通帳への履歴の記録と帳簿記録が一致
　 していることも確認しましょう。

　決算月に銀行より「残高証明書」を入手し、証明書に記載されている残高と帳簿残高の一致を確認している会社は多いと思います。しかし、残高の照合だけでは不正を発見することに限界があ

111

ります。残高を一致させるために、一時的に消費者金融より借入を行い、差額補填を行ったり、小切手発行時の銀行間の処理のタイムラグを利用して残高を調整することも可能だからです。入手した残高証明書を巧みに加工して改ざんした例もあります。

　預金の使い込みを牽制するためには、月中の預金通帳の動きについても、帳簿記録の内容と合致していることを確認するようにしてください。

　☑ 現金・預金の管理者には経費や物品購入の権限を持たせないようにしましょう。

　業務分掌は特に現金・預金管理プロセスで重要です。
　例えば、支店長が経費や物品購入の承認を行っており、かつ、現金・預金も管理しているというような業務分担では牽制が効きません。

　☑ 経理の担当者と出納の担当者を分けることも内部統制です。

　兼務すれば、実際の現金・預金残高に帳簿残高を合わせ、隠ぺいすることができてしまうからです。

CHECK LIST
現金・預金管理プロセスチェックリスト

1. 小口現金や預金通帳は金庫など鍵のかかるところに保管されていますか。 ☐

2. 小口現金は毎日、担当者以外の人により実査を行い、金種票（金種別残高表）を作成し、現金出納帳の残高と照合していますか。 ☐

3. 現金・預金、受取手形および有価証券等の実査は同時に行っていますか。 ☐

4. 小口現金の残高は最小限とし、不必要な残高は銀行へ預け入れていますか。 ☐

5. 現金出納帳は消えないボールペンで記載され、修正箇所には訂正者と承認者の押印がされていますか。 ☐

6. 現金出納帳は責任者により内容が確認されていますか。 ☐

7. 現金・預金管理と経理は別人が担当していますか。 ☐

8. 預金通帳と銀行印は別途保管となっていますか。 ☐

9. 銀行印の押印記録は押印簿にて管理していますか。 ☐

10. 支払伝票は要求元で起票し、要求元責任者の押印のあるものが出納担当者へ回付されていますか。 ☐

11. 取引銀行口座数が必要以上に多くなっていませんか。また、休眠口座はありませんか。 ☐

12. 銀行から残高証明書を入手し、帳簿残高と照合していますか。 ☐

13. 通帳や当座預金照合票等により入出金の内容も帳簿との一致を確認していますか。 ☐

14. 拠点の預金残高が多すぎる場合、本社へ預けることも検討していますか。 ☐

15. 印紙、切手、商品券などの現金同等物などについても管理台帳を作成していますか。 ☐

販売管理プロセス

外注管理プロセス

販売・発注管理プロセス

発注管理プロセス

経理業務プロセス

現金・預金管理プロセス

経費管理プロセス

資産管理プロセス

情報管理プロセス

性善説と内部統制

「私は性善説に立っている」と公言して管理をないがしろにするマネージャーに遭遇することがあります。しかしそれは単に手を抜いているに過ぎないのではないでしょうか。性悪説に立ち、部下を信頼しないからチェックを行うのではありません。マネージャーの責任だからチェックを行うのです。

部下に仕事を任せることは、部下のモチベーションアップや部下の教育にもなります。しかし、「部下に任せる」＝「仕事を丸投げにする」ことではないはずです。

チェックやレビューは性悪説で行うものではなく、部下を信じて伸ばすためのものです。

経費管理プロセス

海外拠点での着服

LESSON 7

POINT
LESSON 7のポイント

　経費には雑多なものが含まれ、少額のものもあり管理がしにくい一面もあります。しかし、せっかく売上総利益で稼いでも、経費で赤字になっては元も子もありません。管理がしにくいため、不正リスクの高い管理プロセスでもあります。特に少人数でやりくりしなくてはならない支店においては、牽制組織が十分に構築できないことが多く、経費の不正リスクが高まります。

　言語や商慣習にギャップのある海外取引、複雑なデリバティブ取引、専門性の高いIT取引や、アーティストとの取引など、特殊な知識を必要とする取引においてもリスクが高くなります。リスクの程度に応じた体制の仕組みを構築する必要があります。

　LESSON 7では経費管理プロセスにおける内部統制を学習します。

LESSON 7　海外拠点での着服

こちらヘルプライン調査部 事件FILE 7

「海外拠点での着服」

支店長、姿を消す

　サン・ビルディング社ジャカルタ支店の上田透支店長が行方不明になってから、約1ヵ月が経過しようとしている。上田の安否が気づかわれている一方で、上田が社内不正を行っていた可能性があるという極秘情報が報告されている。

　サン・ビルディング本社の監査役の現地往査予定日から行方不明になったこと、「申し訳ありませんでした」という書き置きが彼の机の引き出しに残されていたことなどから、何らかの不正を行っていた上田が、監査役監査での発覚を恐れて姿をくらましたのではないか、という推測は自然なものだった。

　松下部長から調査指示を受けた香織は、さっそく支店の損益計算書の分析に着手した。不正の疑いが持たれた場合、損益計算書を分析し、どの費目に不正のリスクが高いかを推定し、仮説に基づく調査を行うという方法は学んだばかりだ。

　ジャカルタ支店は本社資材部からの依頼を受け資材の調達を行っている部門であり、大半の売上や原価は本社で計上されるため重要性がない。

　しかもジャカルタ支店の売上や原価は本社の資材部がしっかり管理していると聞いている。

（となると、不正の温床となる可能性があるのは経費しかないわ）

　香織は、海外拠点でよくあるとされる「経費の水増し請求」という

仮説を立てた。

「経費精算報告書」は本社の支店統括部が管理していた。香織は支店統括部へ赴き、上田が作成して支店統括部へ提出した「経費精算報告書」のチェックを開始した。

しかし、添付されている領収書はインドネシア語である。

翻訳アプリを使いながらの作業はなかなかはかどらない。朝から作業を開始してようやく1年分の資料に目を通したが、不自然な経費項目は何ら見あたらなかった。交際費、会議費などの使用も少なく、交通費や消耗品費といった細かな経費ばかりで、主な経費は家賃くらいである。家賃は毎月固定額のため特に異常はない。

外はすっかり暗くなり、支店統括部の部員も次々と帰宅準備を始めているようだ。

調査が進展せず時間ばかり過ぎていく時ほど、疲れることはない。

商習慣の違いという盲点

「智美、久しぶり。今日、ちょっと疲れちゃってさ。ご飯でも一緒に食べに行かない？新年会もしてないし」

「かおりん！　久しぶり！　会おう会おう、今日会おう！」

香織が、高校時代の親友、東智美にメールすると、すぐに会うことになった。

LESSON 7　海外拠点での着服

（智美はついこの間まで、インドネシアの大学に留学していたから、何か情報をもらえるかも、という下心もある。た・だ・し…ヘルプライン担当は守秘義務があるので、調査のことは一切、外部の人に話すことはできない…。そう、私は仕事とプライベートを分ける女。私ってもしかして、スーパーエリート？あ、いやいや仕事とプライベートをしっかり混同している？）

　すっかり疲れ果てていた香織は他愛ないことを考えながら待ち合わせの渋谷に向かった。

　久しぶりに会った智美はどことなく異国情緒を漂わせている。

　香織は言った。

「智美、私、今日はインドネシア料理店にいきたい！」

「いいわよ。インドネシアにもある、おいしいお店を知ってるわ」

　店に着くと、2人は互いの最近のできごとを披露しあい、笑い、食べ、また笑った。

　香織は、危うくジャカルタ支店のことを忘れそうになっていたが、なぜかデザートを見て思い出し、切り出した。

「留学、どうだった？　インドネシア語はしゃべれるようになったの？」

「もちろん！　大学の授業は全部インドネシア語よ」

「言葉以外に日本と違うところは？」

「そうねえ、生活習慣や商慣習はやっぱり色々な違いがあるわね。例えば、借家の家賃、日本だったら月払いでしょ。インドネシアでは2〜3年分を前払いするのよ。変わってるでしょ」

「えっ？　今なんて言った？　家賃は毎月払うんじゃないの？　一括前払いなの…!?」

領収書の二重使用

　支店から送付される経費精算報告書のチェックは支店統括部の2人

の女性が担当している。昨年の人事異動で新しい部長が着任した上、部員の1人が産休に入り、2人の業務は増える一方である。毎日のように残業して経費精算報告書の計算チェックを行い、領収書などの添付資料との照合を行っているという。

　昨日は何の問題もないと判断した家賃の領収書について、香織は2人に質問した。見た感じ、確かに家の絵柄がついているので、家賃の領収書のようではある。
「この領収書、本当に家賃の領収書ですか？」
「さあ…。私たちもインドネシア語はわかりません。それに、この証憑については、支店長の承認印がありますので、日付の整合性と金額のチェックを行っているだけで、内容や科目までは確認していません。『責任者の承認印がある場合は内容までは確認しなくてもいい』と業務マニュアルに書いてあるからです」

　香織は胸の高鳴りを感じながら、翻訳アプリで記載内容の翻訳を始めた。

　すると、家賃の領収書として添付されていた書類は、なんと、資材部がジャカルタ支店を通じて定期的に発注している木材の領収書であることが判明したのだ。

　念のため、資材部に確認すると、資材部にもまったく同じ領収書のコピーが送付されていた。

　つまり、昨年、支店統括部の部長が新任者となったことに目を付けた上田が、2年前に一括支払済みである事務所の家賃を毎月申請することにより着服し、私腹を肥やしていたのである。

　経費精算報告書には領収書添付が必要なので、資材部管轄の仕入の領収書をコピーして流用していたということになる。
（言語の違いと商習慣の違いを利用した不正。上田支店長って一体、インドネシアで何をやっていたのかしら…）

LESSON 7 海外拠点での着服

今頃、上田はどこを逃げ回っているのだろうか。

香織は、不正の発覚におびえ、異国の街をさまよう上田の姿を想像した。

2XXX年1月15日

ヘルプライン調査報告書

井上香織

部署・担当：株式会社サン・ビルディング　ジャカルタ支店・支店長
被害総額：450万円
時　　期：2XXX年4月〜2XXX年12月

事件内容

経費水増し（領収書の二重使用）

業務プロセス

経費支払・請求書検証／経費管理プロセス

内部統制上欠けていたポイント

- 経費の予算管理
- 前期比較などの経費分析
- 経費計上と現金・預金管理の職務分離
- 証憑原本の確認
- 支店での牽制不足を補完する検証プロセス
- 異文化、言語の違いという海外リスクの評価
- 職場のコミュニケーション

解説

経費管理プロセスにおけるリスクと
その軽減・回避のための内部統制

　この事例では、支店に経理担当者がいなかったため、支店長が自ら「経費精算報告書」を作成し、自ら承認も行っていたという牽制組織の根本的欠落がありました。また、本社においても、証憑との形式的な照合しか行われていませんでした。しかも、その証憑は現物ではなく、コピーでしたので、使い回しが可能となってしまいました。

　すべての支店に経理担当者を置くことが困難な場合もあります。その際は、支店におけるリスク（組織上の弱点）を把握し、リスクの高い支店の経費は、本社の事業管理部門において、十分な経費分析（予実管理・対前期比管理・収益性管理など）を行い、補完する体制を構築する必要があります。
　また、海外の拠点は言語の違いに加え、法律や商習慣の違いからリスクが把握しにくいものです。本社事業管理部門の経営的視点からの経費分析がより必要となります。

1. 経費管理プロセスにおける特有のリスク

　経費は原価に比べ金額が小さく、経営に対しての数字的インパクトが小さいことから管理が緩みがちです。
　また、売上との関係が明確な原価とは異なり、経費の効果は評

価しにくいものが多く、費用対効果の面からも良し悪しを判断し
にくい傾向があります。

　例えば、広告宣伝費の売上に対する効果は測りにくいものです
し、管理部門の人件費が売上にどう貢献しているのかも測りにく
いものです。

　そのため、経費は予算との差異や前期や前月との差異を比較分
析する手法での管理を中心に行います。

　特に、予算との比較は事業の管理責任者が行ってこそ有効な内
部統制となります。

> ☑ 予算は、まず予算策定時に経営計画の経営意思を反映した
> 　数値を設定しましょう。

> ☑ 実績との差異を分析する際は、予算策定時の計画が遂行で
> 　きているかどうかという観点から分析してください。

> ☑ 前期や前月との比較は、異常な差異がないかという観点か
> 　ら行います。

　経理処理を変更したり経理処理を間違えた場合にも異常差異が
出ることがありますので、分析の場面では経理担当者の協力も必
要です。

2. 経費管理プロセスにおける不正リスク

　経費関連の不正には、偽造領収書による架空交際費の請求や、
旅費交通費の水増し請求など、少額の不正を繰り返す手口も多く、
このようなケースでは少額ゆえに、内部監査や監査法人の監査で

は発見されにくい場合もあります。防止方法と発見方法に分けて
解説します。

(1) 防止方法

経費にかかわる不正を防止するためには、

☑ 発注権限者と支払権限者を分離しましょう。

1人の人に権限が集中すると、不正は行いやすくなります。

☑ 相見積り（2社以上から見積りを入手すること）を徹底しま
しょう。

支払先との結託がしにくくなります。

(2) 発見方法

経費に関する不正を発見するためには、

☑ 予算管理を徹底し、予算と実績の差異を事業責任者が分析
しましょう。

特にほぼ一定額が定期的に発生する経費や、一定期間での費用
対効果が検証しにくい交際費や広告宣伝費などには、予算管理が
有効です。

予算管理で不正経費や無駄な経費は発見可能となります。電話
代やガソリン代などは、1人当たりの金額を算定して人別に比較
する分析方法もあります。分析方法は費用の特性に合わせて工夫
しましょう。

☑ 経費精算は使用後、遅滞なく行いましょう。

報告が遅滞すると、確認する上司も何の費用か分からなくなってしまいます。

　交通費などの少額の経費※でも、業務内容を熟知する直属の上司が費用対効果の検証を日常的に行うことで不正経費の防止・発見が可能となります。少額の不正からモラルは崩壊していくものです。少額だからといって軽視してはなりません。

> ※交通費チェックのために残業??
>
> 　経費のチェックが重要だと言っても、多忙な管理職が交通費精算書のチェックに多大な時間をかけるのはもったいないですね。管理するスタッフが多ければ多いほど、多量の交通費精算書を承認しなければならず、そのために残業するという話もよく聞きます。
>
> 　一方、交通費精算書を精査したところで、節約できる無駄な経費はさほどの金額にはなりません。
>
> 　それなら、交通費精算書チェックに多くの時間をかけるのはやめ、交通費が集計された損益計算書を詳細に分析したほうが効率的で有効な牽制となるでしょう。
>
> 　近年はITシステムである程度のチェックが可能です。ITに任せられる内部統制の領域が増えたということは、現場の管理職にしかできない内部統制により目を向ける時代となったと認識しましょう。

（3）証拠書類の取り扱い

　経費にかかわる証拠書類※の取り扱いについて留意すべき事項は、次の通りです。

> ☑ 伝票承認の際、証拠書類となる領収書や契約書はコピーではなく原本と照合しましょう※※。

　この事例のように証拠書類の二重使用による不正やミスを防止

LESSON 7　海外拠点での着服

するためです。

☑ 支払済み請求書の原本には支払済み印を押印し、同じ請求書での二重支払を防止しましょう。

☑ 請求書は契約書や稟議書と照合し、契約通りの請求がなされ、必要な稟議もされていることを確認しましょう。

※証憑（類）と証拠書類

証憑（類）と証拠書類という言葉はあまり区別して使用されていませんが、厳密には証憑（類）は証拠書類の他に説明書類を含みますので、より広い資料を指す用語です。例えば、取引先からの請求書は証拠書類となりますが、その請求書について担当者が説明を付すために作成した支払依頼書は説明書類となります。一般的にこれらを合わせて証憑（類）と呼びます。

※※証拠書類は原本に限る？

二重使用防止のため証拠書類は原本を原則とすべきことは上記の通りです。

しかし、近年では、インターネットの普及により領収書そのものがコピーなのか原本なのか区別不可能な証拠書類が多くなってきました。今後はますますこのような証拠書類が増えていくでしょう。これまでは内部統制の重要原則であったものが、時代の変化とともに、いともたやすく崩れていってしまいます。

このような時代において重要となってくるのは、やはり、事業責任者の損益管理ということになります。

販売管理プロセス　外注管理プロセス

販売・発注管理プロセス

発注管理プロセス

経理業務プロセス

現金・預金管理プロセス

経費管理プロセス

資産管理プロセス

情報管理プロセス

3. 海外の経費管理プロセスにおける特有のリスク

この事例のように海外拠点には特異なリスクが存在します。

為替リスクや国家の経済動向のリスクは大きなリスクになり得ますので、海外拠点を持つ企業では、常にモニタリングされていることでしょう。

しかし、経費については国内の経費管理に手が回りにくいのと同じように見逃されがちとなります。加えて法律や商習慣の違いから存在するリスクが把握できずに不正の温床となるケースが多くみられます。

☑ 現地特有のリスクを把握するために、現地の商習慣や法律に詳しい人へヒアリングしましょう。

ヒアリングは損益計算書の各科目別に、国内との差が存在するのか否かを聞いていく方法が効率的です。

☑ 現地でよくある不正も把握しておきましょう。

例えば、ある国では、社員に対し、給料の一部を外注費で払うことで正しい税金から逃れる不正が横行していたそうです。

全てのリスクを把握することは困難でもありますが、不正事例を学びリスクを知ることが内部統制の第一歩です。

CHECK LIST

経費管理プロセスチェックリスト

1. 経費の予算と実績の差異分析は事業責任者が行っていますか。 ☐

2. 予算には経営計画の経営意思を反映した数値を設定していますか。 ☐

3. 営業上の費用（販売費）は得意先別または担当者別に集計し、売上高への貢献度を評価していますか。 ☐

4. 海外拠点における特有のリスクを把握していますか。 ☐

5. 発注権限者と支払権限者の職務の分離を行っていますか。 ☐

6. 経費の申請書は、証拠書類と照合していますか。 ☐

7. 支払済み請求書や領収書は支払未了分と明確に区分していますか。 ☐

8. 社員による立替経費は遅滞なく精算されていますか。 ☐

9. 交際費申請書には、取引先名、人数、目的などが明確に記載されていますか。 ☐

10. 交通費申請書には、行き先、目的などが明確に記載されていますか。 ☐

11. 交通費は申請者以外の人が申請金額の正当性と計算の正確性についてチェックを行っていますか。 ☐

12. 交際費や交通費についての仮払金が多額になっていないか、また、長期にわたり精算されていない仮払金がないか、確認していますか。 ☐

13. 備品購入などに際し、相見積りの徹底を行っていますか。 ☐

14. 経費処理した備品、リース資産等についても現物管理を行っていますか。 ☐

15. 担当者別経費の総額や推移を分析していますか。 ☐

リスク評価と内部統制

　承認・牽制・文書化などで、重装備な内部統制制度を構築すれば確かに不正や誤謬のリスクは低下します。しかし、業務効率は著しく落ちることになるでしょう。

　会社が利益の追求を目的としている以上、いくら内部統制が重要といっても業務効率とのバランスを無視することはできません。

　業務効率を維持しながら有効な内部統制制度を構築するためには、まず、どんなリスクがあるのか特定すること、そしてそのリスクの大きさや頻度により統制の方法や程度を選択する必要があります。

　つまりリスクを「評価」することが、内部統制の有効性と業務の効率性のバランスを取るうえで重要となるのです。

資産管理プロセス

不採算は不正の温床

LESSON 8

POINT
LESSON 8のポイント

　「資産の保全」は内部統制の目的の一つです。資産の購入や投資の際に、その支出対効果を十分に検討することは資産保全の第一歩となります。

　所有した資産に対しては、災害や盗難のリスクを回避することが基本的な資産保全手続となります。特に棚卸資産は日常的に流動していること、金額的にもよほどの多額にならなければ、不正な取引も正規の取引に埋没してしまうことから、不正リスクが高くなります。

　一方で、会計処理においては、資産の価値が低下していればその実態に合った資産の価値を財務諸表へ反映し、損失を計上することが求められるようになりました。そのため、資産管理プロセスは損益管理の観点からも重要なプロセスとなってきました。

　LESSON 8では資産管理プロセスにおける内部統制を学習します。

LESSON 8 不採算は不正の温床

こちらヘルプライン調査部 事件FILE 8

「不採算は不正の温床」

生産性と不正の関係

「もしもし、サン・トラック経営企画室の米沢です。このところ栃木工場の生産性が悪く、経営課題となっています。このままでは栃木工場が減損会計の対象となってしまい、そうなれば、サン・トラックの損益決算書が赤字にもなりかねません。ヘルプライン調査部では工場の生産性の調査もしていただけるのでしょうか？」
「ヘルプライン調査部、井上です。ご連絡ありがとうございます。生産性の調査は本来ヘルプラインの業務ではありません。ただ、今月は調査案件が少ないので、お手伝いできるかもしれません。上司に確認して、折り返しご連絡します」
「わかりました。ご連絡をお待ちしています」

香織は受話器を置くと、松下部長のデスクに赴き、今の電話の内容を報告した。
「松下部長、この間の研修で、工場の歩留まりが悪化した場合、不正の可能性もあるとおっしゃっていましたよね。ぜひ、栃木工場に行かせてください！」
「井上君はいつも前向きだねぇ。でも工場の生産性なんて、わかるかな」
「先日、トヨタ方式について書かれた生産管理の本を読みました。何とかなると思います！」

香織は胸を張った。

「よし、わかった。勉強も兼ねて行っておいで」

（ちょっと嘘をついちゃった。実はその本、まだ10ページくらいしか読んでいない。今日徹夜してでも読んでしまおう）

　香織はサン・トラックの経営企画室に、調査の許可が下りたことを連絡した。

危うい工場

　サン・トラックの栃木工場は那須塩原駅から自動車で20分程のところにある。山々から吹き降ろされる2月の寒風に、新幹線を降りた香織は思わず身をすくめた。

　香織は、まず工場長の相原茂に挨拶をし、工場の中を見学させてもらうことにした。栃木工場はどこか雑然としており、人の動きも無駄が多いように感じられた。

　工場長の案内に従い、工場内を移動する。ところどころで香織は、工場長に質問を投げかけた。

「この金型は錆びてしまっていますね。もう使っていないのですか？」

「さあ、何の金型なのか、私にはよくわかりません。なんせ、前工場長は何も引き継ぎしてくれませんでしたからね」

「作業員の方たちはずいぶん歩き回っておられますね。作業効率はどうなんでしょう」

「作業効率は悪いと思いますよ。けれどね、それはこの工場の設計ミスのせいですよ。今さら仕方ないでしょう」

「工場の入り口に材料や完成品が積まれていてずいぶん狭くなっていますね。倉庫はないんですか？」

「倉庫はありますが、少し距離があるので、ある程度まとめてから移動させているようですな」

（何て士気のない人なんだろう。これでは生産性が上がるわけないわ）

　相原工場長は昨年まで東京本社の総務部長だったと聞いている。

まったく畑違いの、しかも土地勘もない栃木で何をどうすればいいのか、わからないのかもしれない。

「あの、全体の作業の流れについて、もう少しお伺いしたいのですが…」

「そう…。おーい、矢島君！　ちょっと」

相原はそう言って近くを通りかかった男性を呼んだ。矢島と呼ばれたその人物は、ベテランという言葉が似合う50歳代の男性だった。

「矢島克美君は、30年以上この工場で働いている。作業の流れは、彼に聞いた方がいいんじゃないかな」

相原は、突然指名されてぽかんとしている矢島に

「じゃ、後はよろしく」

と言って事務所に戻りかけた。

香織はその背中に声をかけ、

「相原工場長、僭越ですが、この本とても面白いんですよ。私、徹夜で読んでしまいました。よかったら読んでください」

と1冊の本を差し出した。昨日、松下部長の前で大見得を切った際に話題にした生産管理の実務書である。

「トヨタ式？　だいたい本に書かれたことは理想論だろ。興味ないね。それに私はヘルプラインさんにお世話になるようなことはやっていないよ。曲がったことは大嫌いな性分でね」

「もちろんです。今回は不正調査でご訪問させていただいているのではありません。生産性の低下原因を調査できればと…」

相原は苦笑とあきらめの混じった表情で答えた。

「生産性の低下原因？　そんなもの、答えは出ているよ。最近、近くに同業の工場ができてね。そこに熟練工が流れているのさ。何てったって、ここの給料は安いからね」

そう言い捨てると、相原は事務所に戻ってしまった。

そこで矢島に工場の業務の流れを説明して欲しい旨を丁寧に依頼したところ、さすがにベテランだけあって、香織の質問にはすべて答えてくれた。香織は矢島に礼を言うと、事務所に戻った。

　管理資料を広げた香織は、手始めに研修で学んだ「歩留まり率」から調査することにした。

（製品生産のために投入される材料の量から見込まれる完成品の量に対して実際に完成した量の比率のことを「歩留まり率」っていうんだったわ。つまり、歩留まり率とは、無駄になった材料や欠陥品を除いた正常品の完成率のことね。計算してみようっと）

　資料に記載されている仕入れた材料の量から完成できるはずの製品の数を計算し、そのうえで実際に完成したと記録されている製品の数と比較してみる。同じ比較を前期と当期でさらに行う。

（やっぱり！　…思った通り、昨年に比べて、異常に歩留まりが悪化しているわ。歩留まり率で5%ほど低下している…）

　香織は早速、研修で習った手法を思い出し、工場の入り口に積んであった完成品の数を数えることにした。

（製品が8個ずつ入ったダンボールが32箱。製品数は256個ね。しっかりメモしたわよ）

　念のため、スマートフォンで商品の山を撮影した。

　翌朝。

　工場を訪れた香織は、昨日まで人が通る隙間もないくらいに積み上げられていた完成品の山がすべて運び出されているのに気づいた。

　香織は、倉庫に行って入庫処理された完成品を数え始めた。

（…28・29・30。昨日数えた時は32箱だったはず。2箱減ってるわ！）

　香織は、念のため倉庫の主任に聞いてみた。

「すみません、今日の出荷伝票を見せていただけませんか。今日、これまでに出荷された商品はありますか？」

「出荷伝票？　こんなに早い時間から出荷はしないよ。この倉庫の出荷は夕方と決まっているんだ」

ベテラン作業員の憂鬱

　不正の可能性が高まったので、香織は松下部長に連絡を取った。
　松下部長からは、生産性の調査を中止し、極秘に不正調査を進めるよう指示があった。
　張り込みをする必要がある。体力勝負になりそうなので、佐渡もチームに加わった。
　張り込み調査開始から8日が経過した日。朝の寒さが身にしみる、始業開始直後。
　香織が、栃木工場と保管倉庫の間にある雑木林に身を潜めていると、1人の男がダンボール箱を抱え、小走りで去っていくのが見えた。
「ちょっと待って！　あなた、そのダンボール、どこに持っていくの!?」
　男は、ビクッと体を震わせ、ゆっくりと振り向いた。その男は、なんと、香織に工場内の作業の流れを教えてくれた矢島だった。矢島は足元にドサリとダンボールを落とし、震える指で香織をさした。
「井上さん…、あんた、まだ、いたのかね…」
　そう言って矢島は、その場に座り込んでしまった。
「現行犯逮捕」で矢島は逃れようもなく、すべてを白状した。

「工場長が交代になって、皆の士気が下がり、目に見えてダラダラと働くようになりました。材料の発注も、以前は必要な物を必要なだけ発注していましたが、棚卸もいい加減になったため、適正在庫が把握できず、常に多めに発注をするようになりました。

　生産性は下がり、不良在庫も増えて、なんだかまじめに働くのが馬鹿らしくなってしまいました。

　そんな時に、近くに同業の工場ができたんです。同期がそちらに転職したので、材料や商品の横流しを思いつきました。一度現金が手に入るとやめられなくなってしまい…申し訳ありませんでした…」

（非効率や不採算って、不正の原因や温床にもなるのね）

　香織は、目の前にうなだれているベテラン社員を見つめ、研修で習ったことを実感したのだった。

2XXX年2月18日

ヘルプライン調査報告書

井上香織　佐渡章

部署・担当：株式会社サン・トラック　栃木工場・作業員
被 害 総 額：3,000万円
時　　　期：2XXX年4月〜2XXX年2月

事件内容

棚卸品の横流し

業務プロセス

棚卸資産管理／資産管理プロセス

内部統制上欠けていたポイント

- 生産管理
- 原価計算結果の評価分析
- 適切な実地棚卸
- 工場内の整理整頓
- モチベーション管理
- 管理職のスキル欠如
- 職場のコミュニケーション

解説

資産管理プロセスにおけるリスクと その軽減・回避のための内部統制

　この事例では、管理者に**資産管理の知識や数値管理能力が欠如していた**というスキル欠如の問題がありました。**業務効率や、生産性向上に対する意識が低下**すれば、職場の整理整頓、在庫品の適切な管理などにも気が回らなくなります。

　工場においては、生産性や業務効率を徹底的に追求することが内部統制を強化する近道となります。

　整理整頓、在庫の数量管理、不良在庫の削減、預り品と社内在庫の区分保管、販売商品と見本品の区分保管など、生産性向上のための施策は、そのまま不正防止にも役立ちます。

　そして、施策の結果が表れる数値管理を合わせることで、内部統制強化の循環をつくります。

1. 資産管理プロセスにおける特有のリスク

　まず、保全にかかわるリスクがあります。

> ☑ 火災や盗難などの事故による紛失や天災による被害がありますので、以下のような施策が必要です。
> 　① 資産が痛まないよう、適切な環境で保管する。
> 　② セキュリティ対策を行う。
> 　③ 保険をかける。

一方、保全・保管するためのコストとの費用対効果の検証も行います。

> ☑ 必要な物を必要なだけ購入することで、在庫リスクが減り資金効率が改善します。

　小ロットでの購買では仕入単価が上昇するような場合も、単に単価が安くなるからという理由だけで必要以上の量を購入しないようにします。

　次に、購入した際の事業状況と変化が生じ、固定資産が経営のために使えなくなり、遊休資産となってしまうリスクや、棚卸品であれば、計画通り売れずに滞留するリスク、期待通りの販売価格で売却できなくなるリスクなどがあります。

　減損会計では貸借対照表に計上されている固定資産が、その計上額に見合った価値を有しているか評価し、遊休資産となるなど会社にとっての価値が下がっていれば損失処理を求められます。

　固定資産は、企業の財務諸表において、ある程度重要な金額であることが多いため、企業の経営成績を一気に悪化させる原因ともなります。

　棚卸資産の評価会計基準でも、貸借対照表に計上されている棚卸資産が、その計上額に見合った価値（将来の収益獲得価値）を有しているかどうかを評価し、価値が低下していれば、相当の評価減を行うことが求められています。

> ☑ 資産への投資の際は、その資産の使用目的や投資効果を十分に検討し、予定効果（収益や費用削減効果）を試算した上で、投資を行いましょう。

☑ 保有した資産は、その利用状況を常に確認し、予定通りの利用がなされ、効果を発揮していることを検証します。

☑ 棚卸資産は予定通りの販売価格で予定通りの量を販売できているか検証します。

2. 資産管理プロセスにおける不正リスク

会社資産の「横流し不正」や私的流用は、実査や実地棚卸などの現物管理で不正を防止・発見できるケースと、できないケースに分かれます。

（1）実査や実地棚卸で不正を防止・発見できるケース

資産受け入れ時点での内部統制が有効で、適正に資産計上の会計処理がされている場合は、実査や実地棚卸による現物管理が有効です。

☑ 現物管理は帳簿（入出庫記録）の管理と並行して行うことにより、有効になります。

帳簿（入出庫記録）により、あるべき残高を把握し、その数量と実際にある数量を照合することが可能となるからです。

また、帳簿が必ずしも正確であるとは限りません。帳簿も人によって作成されるため、間違えていることもあります。

☑ 実地棚卸で帳簿と実数の差異が出た場合は、差異原因を徹底的に調査し究明します。

徹底究明により、不正を発見できるだけでなく、資産管理プロセスにおける内部統制の問題点も発見できます。

- ☑ 製造過程における歩留まり率が悪い場合は、原因を究明します。

- ☑ 固定資産も固定資産台帳で帳簿管理を行うだけでなく、台帳と現物の実査を行います。

- ☑ 固定資産の実査を行うためには、台帳のナンバーを現物に貼っておく必要があります。

資産管理においては、実査により、あるべき数量の検証を行い実在性を確認することが、基本の内部統制となります。

（2）実査や実地棚卸で不正を防止・発見できないケース

LESSON 4で勉強したように、そもそも帳簿管理外となっている資産は実査や実地棚卸では不正が発見できません。

会計基準では、一定の基準に合致しない場合、資産ではなく費用処理を認めます。そのため会計上は資産になっていないが、実際は社内に存在する資産もあります。

例えば、見本品や少額な資産については、取得時に費用処理するのが一般的です。

LESSON 4の事例のように仕入後即納品する場合は、棚卸資産となるタイミングがなく入出庫管理外としてしまうことがあります。

- ☑ 費用処理済で、貸借対照表上は簿外の資産でも、台帳を作成して現物管理しましょう。

- ☑ 得意先への直納品であっても入出庫数はカウントし帳簿管理には含めましょう。

- ☑ 不正な発注がされないよう、承認フローを整備します。

　発注内容の妥当性は業務を熟知している直属の上司が検証しなければなりません。

- ☑ 予算実績比較計算書や商品別損益計算書をタイムリーに分析し、不正発注に伴う損益悪化を迅速に把握できるようにしましょう。

　また、見本として使用する目的ではなく、「横流し」のために見本品処理されたというケースもあります。

- ☑ 棚卸資産を販売以外の目的で費用処理する場合は、特別な承認ルールを整備しましょう。

　牽制手続を整備し、その運用を徹底することは、そのことだけで不正を防止する効果をもたらします。不正を行おうとする人も、いくつも関門があることがわかっていれば実行を躊躇するからです。内部統制による事後発見効果も大切ですが、事前防止できるに越したことはありません。

CHECK LIST
資産管理プロセスチェックリスト

1. 資産購入や設備投資の際は、資産の使用目的や投資効果を十分に検討し、予定効果を試算していますか。　☐

2. 保有資産の価値減少リスクを常に把握していますか。　☐

3. 在庫量適正化のための購買ルールはありますか。　☐

4. 帳簿において受払記録を網羅的に行っていますか。　☐

5. 貸借対照表に計上されない資産についても資産管理台帳を作成し、残高を管理していますか。　☐

6. 固定資産には固定資産台帳のナンバーが貼付されていますか。　☐

7. 定期的に実査（実地棚卸）を行い、帳簿記録と照合していますか。　☐

8. 実査の際は保管環境が適切であるか否かの確認も行っていますか。　☐

9. 預り品と所有資産は区分保管されていますか。　☐

10. 受払帳には払出先、払出理由も記録されていますか。　☐

11. 預け在庫については、預り証を入手し、残高を確認していますか。　☐

12. 生産品については歩留まり率の分析評価を行っていますか。　☐

13. 棚卸差異の発生原因は徹底究明されていますか。　☐

14. 破損等の棚卸減耗や評価減についての承認は、内容を十分確認した上で厳格に行っていますか。　☐

15. 資産の費用化処理については特別な承認制度がありますか。　☐

販売管理プロセス

外注管理プロセス

販売・発注管理プロセス

発注管理プロセス

経理業務プロセス

現金・預金管理プロセス

経費管理プロセス

資産管理プロセス

情報管理プロセス

生産性と内部統制

　会社のお金をポケットに入れる。これはれっきとした不正行為ですね。では、就業時間中にこっそり映画を観に行く、これはどうでしょうか？おしゃべりをしながらダラダラと働く、これはどうでしょうか？　これらも不正行為だとは思いませんか。映画を観に行っている間も、おしゃべりをしている間も、その会社員には給料が支払われています。ですから、就業時間中に仕事に関係ないことを行っている以上、その行為は「給料泥棒」と言えるわけです。文房具の無駄遣い、計画性のない材料仕入、会社機材の乱暴な使用なども、不正行為に限りなく近いと考えてください。

　そう考えると、不採算と不正行為との境界線は曖昧です。

　現場監査では、現場が生産性や採算性をしっかり追求していることを確認しましょう。生産性の追求は不正防止に繋がっているからです。

情報管理プロセス

みんなを守る内部統制

LESSON 9

POINT
LESSON 9のポイント

　情報は企業にとって最も重要な資産となりつつ
あります。そして、情報は管理が難しい資産でも
あります。情報過多になれば、非効率も生じます。

　目に見えるものより目に見えないものが重要性
を増してくる時代において、鍵をかけたり、ルー
ルを厳格にしたりという対策の効力は次第に弱く
なっているのも事実です。
　さあ、これからの時代、何をどのように大切に
していかなくてはならないのか、一緒に考えてい
きましょう。

　LESSON 9では情報管理プロセスにおける内
部統制を学習します。

LESSON 9　みんなを守る内部統制

こちらヘルプライン調査部 事件FILE 9

「みんなを守る内部統制」

夢の外国語学習アプリ

「外国語学習のための授業料にさようなら！」
「大手旅行代理店EJトラベルとWEB学習教材を取り扱うトレ・メディアが人工知能（AI）などの最先端技術を活かし夢の外国語学習アプリを開発」

　朝7時25分。いつものように、シリアルにミルクをかけた朝食を食べながらニュース番組を見ていた香織の目は、テレビの画面にくぎづけとなった。

　画面には満面の笑みを浮かべたトレ・メディア社の社長が映し出されている。
「外国語を学習したいあなたは、日本を訪れる外国人旅行客の旅先案内人になります。国籍、性別、年齢、使用言語、目的地など、あなたの希望をアプリに登録しておけば、AIがあなたの希望に合った旅行客を選定します。旅行客とのやり取りを通じ、無料で外国語学習ができるのです」
「WEB上ではありますが外国人との生のやり取りを通じ、外国文化に触れることもできます」

　AIが外国語の翻訳を手伝ってくれる上、やりとりに出てきた単語や文章も学習成果としてアプリ内に保存してくれるというのだ。
「一方、外国人である旅行客も、日本人から便利な情報を提供してもらうことにより、慣れない旅先で安心を得ることができるのです」

まさにwin-winな企画といえよう。

これからは海外拠点の調査も任されることが増えると聞いている香織にとって、それは夢のような外国語学習手段であった。

憧れの研究所

ゲームソフトやWEB学習教材などの開発・販売を行うサン・ポルト社は、湘南にAIをはじめとする新技術を開発するための研究所を持っている。この湘南研究所の所長・西山孝雄は、ザ・サンカンパニーグループでも有名な技術者であるとともに、企画力やマネジメント能力にも定評があった。

研究所において、「企業秘密の保持」は最も重要な課題であることから、西山所長は以下のような管理を励行している。

① 企業秘密はその内容を知るための正当な理由を持つ社員に限り必要最小限開示するという方針を周知し、システム上でも、企業秘密情報へのアクセスを物理的・技術的に制限している。

② 所員全員と企業秘密保持に関する覚書を締結し、毎年これを更新する際には、教育を兼ね、所長自ら所員全員と面談を行っている。

③ システムのどの情報に誰がいつアクセスしたのか、記録から特定できるようにしている。

④ 企業秘密の保持に関する罰則規程も整備され、内容は常にアナ

ウンスされている。

⑤ 新製品の技術開発に関する情報は最重要とランク付けし、研究所内の技術棟をセキュリティエリアとして、その中だけでその情報を使用させている。セキュリティエリアへの出入り口にはICカード式社員証の読取装置と指紋による生体認証装置が導入され、入場を許可された者かどうかのチェックを厳格に行っている。資料や記憶媒体の持ち込みや持ち出しも厳しく制限される。

⑥ セキュリティエリア内部からのインターネット接続は禁止され、システム上も接続されていない。これによってエリア内部へのハッカーの侵入や、メールによる外部への情報の転送ができないようにしている。

これらの管理に加え、毎朝、所長自らがトイレ掃除を行うなど、研究所内の5S（整理・整頓・清掃・清潔・しつけ）も徹底されている。所長と所員の間では常に十分なコミュニケーションがとられ、所員が生き生きと研究に打ち込むことのできる環境が整っている。

ザ・サンカンパニーグループの技術者や研究者の中には、湘南研究所での勤務を希望している人が多いと聞く。

不正発生？

そんな湘南研究所で不正が発生したのではないか、という連絡が入り、ヘルプライン調査部に激震が走った。

なんと、今朝、香織がくぎ付けになったニュースで報じていた外国語学習アプリで使われている最先端技術は、湘南研究所で開発中の技術と同じものだという。しかも、湘南研究所では旅行代理店ABCツアーと提携して開発を進めており、旅行業者とのコラボレーションというアイディアまでそっくりだったのだ。もちろんABCツアーでも大騒ぎになっているらしい。

つまり、この画期的技術とアイディアがライバル会社に漏えいした
のではないかという疑惑が生じたのである。
　もちろんのこと、香織はこの調査担当に立候補した。
「難度の高い調査になりそうだよ。佐渡君、手伝ってあげてくれ」
　そう言った松下部長の表情は、いつになく心配そうだ。

迷宮入り？

　香織と佐渡が調査を行ったところ、湘南研究所における内部統制の
整備状況、運用状況に何も問題はなかった。
（こんなに完璧な内部統制なのに不正が起こるなんてことあるのかな）
　香織はデスクで調査結果を振り返り、そんなことを考えていた。
「ちょっといいかな。新しい情報が入ったんだ。部長に報告するから
一緒に来てくれないか」
　そう言うと、佐渡は松下部長のデスクに向かった。
　佐渡のつかんだ情報は、次のようなものだった。

　今回、ライバル会社に出し抜かれた商品の担当課長である吉岡浩二
が情報漏えいした可能性が出てきた。吉岡は、サン・ポルトに入社す
る前に、ある会社に在籍していたのだが、その当時、トレ・メディア
社と取引があったことが判明したのだ。今回の技術開発は吉岡のチー
ムで行われていたが、ビジネスモデルのアイディアを知っていたのは、
西山所長と吉岡だけ。提携先のABCツアーではトップシークレット
であったため、ABCツアーから情報が漏れた可能性はほぼない。
　となると、もっとも疑わしいのは吉岡ということになる…。

　ヘルプライン調査部は、吉岡に対してあらゆる方向からの検討を加
え、慎重に調査を行った。
　吉岡の勤務態度は社内で評判がよい。研究者としての能力も高く評

価されている。給与等の待遇面での会社への不満もない。結局、今回の不正行為の証拠を何ら検出できなかった。

ヘルプライン調査部のヒアリングの際、吉岡は、トレ・メディア社を知っていることは認めたものの、サン・ポルトに入社以来、トレ・メディア社の誰とも接触をしていないし、今後の接触もありえない、とのことで情報漏えいに関しては全面的に否定した。

調査は暗礁に乗り上げてしまった。

奇遇

土曜日の昼下がり、皇居近くのレストランで、大学時代の女友達から最近始めたサーフィンの話を聞いてきた香織は、帰路、乗り換え駅のホームで一人、なかなか来ない電車を待っていた。

（湘南でサーフィンか…ああ、湘南研究所…。あの研究所の内部統制は完璧だったなあ…。やっぱり情報漏えいなんてなかったのかな…）

ため息をつきながら、ふと線路の向こうに目を向けると、釣り堀がある。

（へえ、こんなところに釣り堀か。なんかいいな、都会のオアシスってとこね）

のどかな風景をスマートフォンで写そうとズームしてピントを合わせた香織の目は驚きの色に変わる。

（あれっ、吉岡さん?!）

ベージュのパナマ帽をかぶり釣り糸を垂れている人物は間違いなくサン・ポルトの吉岡課長だ。

しかも、その隣で吉岡と話し込んでいるのは、あの朝、テレビニュースで、満面の笑みを浮かべ会見していたトレ・メディア社の社長だった。

（やっぱり！）

トレ・メディア社の社長と会っている現場の写真を突き付けられ、自らの証言との食い違いをつかれた吉岡は、情報漏えいの事実を認めた。

　実は、吉岡は当初から湘南研究所の最先端技術を盗むために入社したのである。

　その目的を達成するために、完全なまでに有能で誠実な社員を演じながら、情報を漏えいしていたのだ。

「井上君、お手柄だ。調査部ではこういう偶然の解決も多いんだよ。頑張っている人にはそんな偶然がやってくるものさ」

　香織の労をねぎらった松下部長は続けた。

「吉岡は『頭脳』という記憶媒体に情報を書き込み、その情報を漏えいしたということだね。いくら資料の持ち出しやUSBメモリやスマートフォンの持ち込み・持ち出しを管理しても、人間の頭脳にある情報までは持ち出し制限できないからね」

「部長、これからこの事件はどうなるのですか」

「うん。もちろん、吉岡とトレ・メディア社を訴えることになる。開発停止となったプロジェクトへの既存支出額だけでも1億円もの被害が発生しているからね。もしかすると、うちもABCツアーから、情報漏えいに対する責任を追及されるかもしれない。どちらの裁判でも、湘南研究所の内部統制の整備状況は重要なポイントとなるに違いない」

「その点、湘南研究所が十分な内部統制制度を持っていたことは、とても大きいよ。たとえ裁判になっても、内部統制を整えていたことはプラスに働くはずだ」

（内部統制にも限界があるのか…。でも内部統制の整備は決して無駄じゃない。いざ事が起きてしまった場合にも、力を発揮するのね）

2XXX年3月25日

ヘルプライン調査報告書

井上香織　佐渡章

部署・担当：株式会社サン・ポルト　湘南研究所・開発課長
被 害 総 額：1億円以上
時　　　期：2XXX年12月〜2XXX年3月

事件内容

情報漏えい（企業秘密）

業務プロセス

情報管理プロセス

内部統制上欠けていたポイント

特になし

解説

情報管理プロセスにおけるリスクと その軽減・回避のための内部統制

　鍵をかけ忘れて泥棒に入られた場合、鍵をかけ忘れた人の責任も問われるでしょう。しかし、鍵をかけていたのに泥棒に入られたなら、その人の責任は問われません。

　同じように内部統制が万全であったにもかかわらず起きてしまった不正について、原則として管理者の責任が問われることはありません。

　残念ながら、内部統制にも限界があります。特にこの事例のように社内の、しかも確信犯による情報漏えいは、防止も発見も難しいことがあります。内部統制でリスク回避できない部分は、保険会社に保険をかけて補う策も必要となります。

1. 情報管理プロセスにおける特有のリスク

(1) 企業秘密

　現代社会において、情報は会社にとって価値ある資産となりました。

　その資産を守るために、会社として次のようなステップで体制づくりを行いましょう。

LESSON 9　みんなを守る内部統制

☑ まず、トップが率先して情報管理に対しての姿勢表明を行うことで会社全体の意識が向上します。

☑ 次に全部門を対象とした情報管理委員会を設置し、会社全体の意思統一をはかります。

☑ そして、情報管理の仕組みが機能していることを確かめ、課題があったら改善できる体制をつくりましょう。

情報管理プロセス上のリスクとしては、
①　情報過多になり、重要な情報が埋没する
②　情報が整理できず、有効な使用が困難になる
などが挙げられます。

☑ 情報を整理整頓して保存する仕組みをつくりましょう。

☑ 情報の保存期間を定めましょう。

☑ 企業秘密とは知らずに漏えいしてしまう、ということのないように対策を講じることも必要です。

　具体的には、「マル秘の表示」「情報管理ルール（罰則規定含む）の策定・周知」「秘密保持契約の締結」「無断持ち出し禁止の張り紙」「社内教育の実施」などです。

（2）個人情報

　個人情報保護法が施行されたことに伴い、個人情報の漏えいに係る法律違反をするリスクが生じました。遵法は企業にとって最低限の義務です。法律違反をすれば、社会的制裁を受ける、信用を失うというリスクが生じます。

　会社が管理すべき個人情報は顧客の個人情報だけではありません。社員の個人情報も管理対象となることに留意しましょう。

☑ 保有する個人情報を特定しましょう。

☑ 不要になった個人情報は適切な方法で廃棄しましょう。

　社内のどこに個人情報があるかわからないような状況では、管理のしようがありません。個人情報も整理整頓して管理できるようにすることから始めます。

　情報の整理整頓を「ナレッジマネジメント」とも呼びますが、工場における「5S」と同じく、情報の整理整頓は会社の成長にとって不可欠なマネジメント業務となっています。

☑ 入退場管理やロッカー施錠など、物理的安全策が必要です。

☑ アクセス制限など、技術的安全策が必要です。

☑ 個人情報の収集目的を明確にし、利用目的は本人に明示することが必要です。

☑ 個人情報保護対策の運用状況を確認するための監査も実施しましょう。

2. 情報管理プロセスにおける不正リスク

（1）企業秘密

企業秘密についての不正リスクとしては、

① 私腹を肥やすため、情報を不正に売却する

② 会社または特定の個人に嫌がらせをするため、情報を外部に流す

③ 情報を利用してインサイダー取引をする

などが挙げられます。

企業秘密を適切に管理するために、外注先・業務委託先を含め、以下のような対策を講じましょう。

☑ **企業秘密に近寄りにくくする対策を取ります。**

具体的には、「アクセス権の設定」「行動ルートの制限」「保管場所の施錠」「企業秘密を保存するフォルダの分離」「ペーパーレス化」「企業秘密を保存したパソコンを不用意にインターネットに接続しない」などの方法が考えられます。

☑ **企業秘密を持ち出しにくくする対策を講じます。**

例えば、「私用USBメモリの利用・持ち込みの禁止」「会議資料の回収」「電子データの暗号化」「外部へのデータのアップロードの制限」「社外へのメールにファイル添付ができないようにしたり、送信容量を制限する」などの方法があります。

☑ **情報漏えいが見つかりやすい環境づくりをしましょう。**

方法としては、「座席の位置やレイアウトの工夫」「防犯カメラの設置」「職場の整理整頓」「関係者以外立ち入り禁止の表示」

「パソコンのログの記録」などがあります。

　人の頭に記憶されるような「情報」は、有価証券のように「貸し金庫に入れれば安心」というような管理手法はとれません。特にこの事例のような重要情報の漏えいを防止するためには、

☑ 建て前ではないコンプライアンス経営、企業理念、社員教育の徹底が必須です。

　また、事例の西山所長のように、

☑ 上司が率先して部下とのコミュニケーションをとったり、働きやすい職場環境の整備に努めましょう。

　トップのこうした働きかけが、社員全体の信頼関係の維持と向上につながり、職場を活性化させ、仕事へのモチベーションを高めます。

（2）個人情報

　CRM（Customer Relationship Management：顧客情報関係管理）が企業の営業戦略上重要になった現在、個人情報の価値が飛躍的に上昇しています。よって、そのような個人情報を闇で売買する業者も増えています。社内の個人情報を扱う社員がこれらの悪徳業者と通謀し、個人情報を漏えいするリスクがあります。
　そのようなリスクを防止するには、

☑ 個人情報保護に関する社内教育や規程の整備が重要となります。

LESSON 9　みんなを守る内部統制

　今回のように当初から犯行目的で入社した確信犯の仕業でない限り、情報漏えいに係る犯罪を内部統制で防止することが可能となります。

　反対に、情報管理対策が甘い状態で不正が発生した場合は、企業の存続すら不可能になるような事態も十分に考えられます。

CHECK LIST

情報管理プロセスチェックリスト

1. 企業理念としてコンプライアンスを徹底していますか。 ☐

2. 企業秘密はその内容を知る必要のある社員に限り開示していますか。 ☐

3. 社員と会社は企業秘密に関する覚書を締結していますか。 ☐

4. システムのセキュリティ対策は行っていますか。 ☐

5. 情報漏えいに関する罰則規程の整備とその周知をしていますか。 ☐

6. 情報の有効利用のため、情報を整理整頓していますか。 ☐

7. 継続的な情報セキュリティ教育を計画し実施していますか。 ☐

8. 外注先・業務委託先にも社内と同じレベルの機密情報の保護体制ができていますか。 ☐

9. 企業秘密の棚卸をして、それを漏らしたり、消失させたときの影響や発生頻度を評価していますか。 ☐

10. 情報管理の仕組みを自分たちでチェックし、改善していますか。 ☐

11. 情報管理に関するトップのコミットメントはありますか。 ☐

12. 全部門を対象とした情報管理委員会等が組織され、意思統一がはかられていますか。 ☐

13. 不要になった個人情報は適時適切に廃棄していますか。 ☐

14. 情報は会社の財産であるとの認識が全員に行きわたり、情報の有効利用と秘密保護のバランスはとれていますか。 ☐

15. 異動や退職に伴う情報へのアクセス権の見直しをタイムリーに行っていますか。 ☐

会社の責任と内部統制

　内部統制を軽んじれば、たとえ一社員の犯罪であっても、その上司や会社も重い責任を負わされる場合があります。

　不祥事で会社が蒙る損害は甚大です。損害賠償や販売不振などから直接的に蒙る被害だけが損害ではありません。リスクとチャレンジのバランス感覚が狂い、長期間成長できない会社になってしまうこともあります。

　一方、内部統制を整備・運用している会社は、会社の意思に反した不正に対する想定外の責任を負うリスクから解放されます。

　内部統制は、会社や社員の将来を守るためのものなのです。

「エピローグ」

　2XXX年3月31日──。
「井上君、入社して1年たったね。ご苦労様。明日からは新人が入ってくるよ。しっかり面倒見てあげてくれよ」
　コーヒーカップを片手に松下部長が、にこやかな笑みを浮かべて香織に話しかけた。
　ヘルプライン調査部の部屋には夕日がさしこんでいる。他の社員は外出しているのか、部屋は静かだった。
「あっ！　本当だ。今日で1年ですね。何だかあっという間ですねえ」
　先月から継続中の調査のおかげで香織は春が来ていることもすっかり忘れていた。この1年間の出来事が走馬灯のように浮かび、そして消えていった。
「新人さんはどんな人ですか？」
「近藤君っていうんだ。新卒の男の子だよ。君みたいに右も左もわからない」
　そう言って松下部長は笑った。
「部長、失礼ですね！　私はもう、『内部統制』の意味もわかっている立派なビジネスパーソンです。右も左もわからない新卒と一緒にしないでください」
「ははは、悪い、悪い。そうか、井上君は『内部統制』がわかったか？」
「はい、わかりました！　内部統制は経営そのものだっていうことがわかりました」

「ほう。それはまた、ずいぶん意味深長だね」

「内部統制が有効でないと不正が起こります。非効率も起こります。また、会社で働く私たち社員一人ひとりの心がけと行動で、内部統制の有効性が左右されます。内部統制が有効なら、不正行為や非効率が防止され、経営戦略遂行上の妨害がなくなりますので、経営がよりスムーズに機能するようになります。つまり、内部統制のない経営なんて、あんこが入っていない鯛焼きみたいなものなんです!!」

「なるほどね。まあ、僕は煎餅派だけどね…」

「部長、まだからかってますね。真剣に聞いてください！

　私はこの1年、特に現場責任者に注目して調査をしていました。仕事をバリバリこなす現場責任者にあこがれていたからです。そのうちに、現場責任者は会社の業務遂行の要であり、内部統制の要でもあることがわかってきました。業績もよく、部下からの評判もいい現場責任者が率いているチームでは、不正や非効率はみられませんでした。ほとんどの事件の背景には、現場責任者の管理に問題がありました。これって不思議でした」

「そう、いいところに気がついたな。井上君は何にでも疑問を持つところがすばらしい。からかってなんかいないさ」

「ではもう少し、語らせてください！」

　そう言うと香織は、松下部長の顔をまっすぐに見つめた。

「例えば、販売プロセスにおける内部統制では、

　　・契約書を漏れなく入手しなければならない

　　・与信限度を超える取引をしてはならない

　などと一見、営業を妨害するような統制があります。実際、このようなことにまじめに取り組んでいたら、ライバルに差をつけられるのではないかと心配している営業部の社員もいました。

　また、新聞記事を見ると、不祥事を起こした会社の社長が『私たちは利益獲得を重視したあまり…このような不祥事を起こしてしまいま

した』とコメントしていました。

　利益獲得の重視と内部統制は背反するのか？　それともしないのか？　ってずっと自問自答してきたんです。

　でも、最近、何となくわかってきました。確かに、統制手段の意味も考えずに、本に書いてある通りに内部統制手続を運用しようとすると非効率も生じます。会社独自で作成した規程類も瞬く間に陳腐化し、業務に不適合になってきます。

　非効率を最小限に抑え、内部統制を有効にするには、現場の業務を熟知している現場責任者が常に運用の有効性に気を配り、統制手段をメンテナンスする必要があるんです」

　香織は、そこまで一気に話すと大きく息を吸い込んで、
「つまり、内部統制は経営と背反する後ろ向きなものではなく、経営遂行とともに常に前向きに取り組んで行くべきものなのです。」

　松下部長は香織の勢いに圧倒されている。しかし、香織の興奮は止まらない。ショートボブの毛先を左右に揺らしながら、さらに熱のこもった口調で話し続けた。
「それに、内部統制の運用は部門成績を上げるための通常のマネジメント業務と切っても切れない関係にあって、内部統制の多くは通常のマネジメント業務に包含されているとも言えます。

その代表的な例が、

・上司と部下とのコミュニケーションや目標管理

・担当部門損益の分析

　などです。これらは、担当部門の成績向上のために必要な管理ツールですが、そのまま、内部統制でもあります。上司と部下とのコミュニケーションや担当部門損益の分析は、不正や非効率を防止します。また、具体的で適切な目標を設定することによりスタッフのモチベーションが向上すれば、やはり不正や非効率は防止されます。つまり、内部統制が先か、マネジメントが先か、卵と鶏みたいな関係なんです！」

　香織はこの1年間で自分が肌で感じ、考えたことを一気に話した。話し終わった途端、なんだか1人で興奮している自分が恥ずかしくなって下を向いた。

　香織は消え入るような声で、

「部長、すみません。ブレーキがこわれてしまいました…」

「井上君、ずいぶん勉強したね。その通りだよ。内部統制はマネジメントともいえるということだね」

「ただいま帰りました！」

　佐渡たちが帰ってきた。急にヘルプライン調査部がにぎやかになった。

「ご苦労さん。今日は珍しく全員揃っているね。どうだ、井上君の入社1周年を祝し、ちょっと行こうか」

　そう言うと松下部長は、口元に杯を持っていく仕草をした。

「賛成！　行きましょう。今すぐ片付けます」

　部員たちがそう言って机の片付けを始めた。

　その声を聞きながら香織は窓の外を見る。浅草はすっかり夕暮れて、ネオンが輝いている。

（この1年で私は成長したのかな。昨日まで大学生だったような気もするけど、去年の私に比べたら、すこーし大人になったかも…。）

　ガラス窓に映った自分の姿を見ながら、香織はそう考えていた。

■参考文献

・浜田康（著）『「不正」を許さない監査』日本経済新聞社（2002）

・ポール・L・ウォーカー、トーマス・L・バートン、ウィリアム・G・シェンカー（著）、『戦略的事業リスク経営　―ノーリスク・ノーマネジメント』東洋経済新報社（2004）

・阿久沢栄夫（著）『内部監査人室　―内部監査人のための実践読本』文芸社（2004）

・国広正、五味祐子（著）『なぜ企業不祥事は、なくならないのか　―危機に立ち向かうコンプライアンス』日本経済新聞社（2005）

・IBMビジネスコンサルティングサービス株式会社　森本親治、守屋光博、高木将人（共著）『企業改革法が変える内部統制プロセス』日経BP社（2005）

・フランシス河野（著）『ターン・オーバー　―企業を再生させる逆転の経営システム IAC』講談社（2005）

・新日本有限責任監査法人、アーンスト・アンド・ヤング・ソリューションズ株式会社（編）『図解 経営力を高める「内部監査」入門』中央経済社（2011）

・田中弘（著）『経営分析　―監査役のための「わが社の健康診断」』税務経理協会（2012）

・ラリー・E・リッテンバーグ（著）『COSO内部統制の統合的フレームワーク　内部監査に活かす原則主義的実践ガイド』日本内部監査協会（2014）

・冨山和彦、澤陽男（著）『決定版 これがガバナンス経営だ！　ストーリーで学ぶ企業統治のリアル』東洋経済新報社（2015）

・ポール・J・ソーベル（著）『不確実な時代のリスクマネジメント―COSO新ERMフレームワークの活用』日本内部監査協会（2018）

■著者紹介

青野奈々子（あおの・ななこ）

公認会計士
株式会社GEN　代表取締役社長

1983年学習院大学卒業。日興證券株式会社（現SMBC日興証券株式会社）、中央青山監査法人、内部統制構築支援の株式会社ビジコムを経て、会計改善支援の株式会社GENを経営。

専門分野は、内部統制を強化する管理会計構築、内部統制と業務効率の両立化。

サービス・インフォメーション

―――――――――――――――――― 通話無料 ――――

①商品に関するご照会・お申込みのご依頼
　　　　　　　　TEL 0120（203）694／FAX 0120（302）640
②ご住所・ご名義等各種変更のご連絡
　　　　　　　　TEL 0120（203）696／FAX 0120（202）974
③請求・お支払いに関するご照会・ご要望
　　　　　　　　TEL 0120（203）695／FAX 0120（202）973

●フリーダイヤル（TEL）の受付時間は、土・日・祝日を除く
　9：00～17：30です。
●FAXは24時間受け付けておりますので、あわせてご利用ください。

不正事例で基礎から学ぶ
コーポレートガバナンス新時代の内部統制

平成31年3月10日　　初版発行

著　者　青　野　奈　々　子

発行者　田　中　英　弥

発行所　第一法規株式会社
　　　　〒107-8560　東京都港区南青山2-11-17
　　　　ホームページ　http://www.daiichihoki.co.jp/

内部統制事例　ISBN978-4-474-06533-8　C0034（4）